拿破崙並不矮

# 歷史寫錯了！

安卓雅・芭罕——著
Andrea Barham
葉織茵——譯

埃及金字塔不是奴隸建的・
美國獨立不是因為增稅・
諾貝爾沒有發明炸藥・
揭開那些一直被誤解的
史實真相——

Napoleon Wasn't Short ( St Patrick Wasn't Irish )
When History Gets it Wrong

# 前言

最近我在一本歷史書中讀到：據說布狄卡女王駕駛過鐮刀戰車（沒這回事）、基督徒曾被丟進古羅馬競技場餵獅子（也沒發生過）；英國 BBC 電視節目《少年智多星》（Junior Mastermind）主持人則說沃爾特．雷利爵士從新世界把馬鈴薯和菸草帶回英國……（雷利根本沒去過北美洲啊！）

諸如此類的不實謠言，在集體意識中根深柢固，彷彿還真有其事，但這些事件其實從未發生過，不僅如此，竟還漸漸融為歷史的一部份！有鑑於此，我將在此書中還原七十六個歷史謬誤，希望能將「偽歷史」一口氣通通丟進垃圾桶裡。何必一再傳播錯誤的觀念呢？這種事交給政客們去做就行啦。

# 目錄
Contents

## 第三章 戰役

## 第四章 民間英雄



## 第五章 政治家

## 第六章 女性



## 第七章 探險家

## 第八章 謠言



## 第九章 文化

第一章

# 傳說

# 1 維京人戴有角的頭盔？

現代人想喬裝成維京人時，鐵定要戴一頂有角的頭盔。的確，不論是北歐神話中的瓦爾基麗婭（Valkyrie），還是華格納歌劇《尼貝龍根指環》中的女英雄布琳希德（Brünnhilde），都戴著角盔，就連漫畫《恐怖海格》中的維京人也戴著角盔。然而，這種雙角高高翹起的頭盔雖然廣受青睞，卻是很明顯的時空錯置。

詹姆．葛拉翰．坎柏（James Graham-Campbell）在《維京世界》中說得很清楚，維京頭盔沒有角。《維京人及其起源》一書作者克里斯．韋斯特（Chris Webster）也說道，雖然許多繪畫中的維京人都戴著角盔或翼盔，但實際上從未有人找到這樣的頭盔，況且，窮困的戰士應該會戴無雕飾的錐形盔或皮革帽。

從《維京人》一書可以看出，這個錯誤會出現的部分原因是：早期古文物學者鑑定時，搞錯北歐文化中其他古文物年代，而前人描繪那些效忠奧丁的戰士時，筆法也略顯粗糙。韋斯特認為，前人講述神話常會說，停棲在頭盔上的烏鴉，（奧丁的神鳥）將翅膀分別向左右兩側彎成一個圈，因此很容易將翅膀誤認為是角，尤其從側面看，常常又會找不到烏鴉頭。

不過，前維京時代的北歐的確有角盔的存在。在《青銅時代的歐洲社會》一書中，哈汀（A. F. Harding）收錄了一幀照片，其中有兩頂丹麥威克索鎮出土的青銅角盔，造型精美，目前藏於哥本哈根的丹麥國立博物館中。這兩頂頭盔的兩支角都很狹長、彎曲，長度還是盔體的兩倍長——這種角盔可能是祭典專用的。

這樣看來，如果平常沒事還要戴這種角盔到處跑，一定很不方便。而因為青銅時期早在公元前一千年就結束了，維京時期又要到公元九世紀才開始，因此在維京人眼中，角盔無疑是已經落伍兩千年的老古董，一點也不時尚。

所以請記得，以後若有人要你裝扮成維京人的樣子，不用戴有角的頭盔了，這樣搭大眾運輸時，也可以省下不少麻煩喔。

## 2　羅馬格鬥士都是男人？

擔任格鬥士的女性稱為「女格鬥士」，之所以有這個詞，就是因為女格鬥士確實存在過，而且她們多半是追求刺激的上流階級人士。史蒂芬．維斯德（Stephen Wisdom）在《羅馬格鬥士》一書指出，羅馬作家佩托尼奧．阿爾比特（Petronius Arbiter）提到「元老院階級」（即統治階級）的女人會以女格鬥士的身份搏鬥。然而，女格鬥士其實是特例，而非常態。

公元一世紀末，羅馬傳記作家薛東尼奧（Suetonius）在《圖密善的一生》中，提到羅馬皇帝圖密善「在火炬照耀下舉辦格鬥大會，女人和男人一樣都要上場」。但是羅馬諷刺作家尤維諾（Juvenal）卻認為，所謂的女格鬥士簡直是驚世駭俗的概念，他在《諷刺詩輯六：女人的舉止》中質問：「當女人頭戴鋼盔，把自己搞得不男不女又好大喜功，還能指望她守什麼婦道？」

一世紀後，羅馬歷史學家卡西烏斯・迪奧（Cassius Dio）在《羅馬史》中，談到羅馬皇帝尼祿的一場奢華慶典，在慶典上，女人以格鬥士的身份互相搏鬥，有些出於自願，有的則是受到脅迫。迪奧不在意這種野蠻行為，僅僅認為「像這樣大把大把揮霍金錢……任何頭腦還算清楚的人都要惋惜」。至於羅馬皇帝提圖斯辦的慶典，同樣不討迪奧喜歡，因為「無論是性情溫順還是桀敖不馴的動物，都被活活宰殺（共九千隻），連婦女（偏偏還不是多了不起的女人）也加入殺戮的行列。」

維斯德指出，大英博物館內有座大理石雕像，上有兩名女格鬥士，根據浮雕上的銘文，其中一名女格鬥士的「藝名」是亞馬遜妮雅（Amazonia）。維斯德認為，雖然格鬥士在競技場上常被大卸八塊，但至少公眾的敏感神經，不必承受袒胸露乳的女戰士帶來的視覺衝擊。他又進一步解釋，根據文獻記載，女性原本習慣裹上繃帶來遮蓋乳房，後來則改用一種「束朵服」（strophium）的薄布料，相當於羅馬的運動胸罩。

綜觀歷史，常有人勸女性別從事競技場格鬥，在《神鬼戰士：電影與歷史》一書中，有則條目是這樣子的：公元一九年，元老院決議通過一項拉瑞納碑（Tabula Larinas）的法令，「應規定凡是自由民出身的女性，只要未滿二十歲，皆不能自願擔任格鬥士。」倒不是因為這項運動本身太危險，而是在當時的羅馬人眼中，上競技場搏鬥並不是一門適合名門子弟的行業。

艾莉森・福翠爾（Alison Futrell）在《羅馬運動》一書中提到，在公元三世紀，羅馬皇帝塞第米烏・塞維魯（Septimius Severus）發現觀眾對出身高貴的女子言語輕佻，因此禁止上流階級婦女格鬥。觀看幾百隻動物與罪犯互相殘殺是一回事，但揣測名門仕女賣弄風騷的能力，就要另當別論了。

## 3——奴隸建造了埃及金字塔？

世界七大奇景之一埃及金字塔，吸引了世世代代的人悠然神往。公元前五世紀，希臘歷史學家希羅多德（Herodotus）認為，埃及奴隸建造了金字塔，並在《歷史》（輯二）中描述一段關於基奧普斯（Cheops）的故事。

基奧普斯又名胡夫（Khufu），是公元前二十六世紀權傾一時的埃及法老王。基奧普斯為了滿足私欲，強迫每個人像奴隸那樣為他效勞，無一例外。不過，希羅多德機靈地補充道，「只要你覺得這些埃及故事值得採信，想怎麼解讀都可以」。

接著這位歷史學家繼續介紹暴君基奧普斯——他要求每十萬埃及人為一組，一連三個月不停工作，還說他喪盡天良，為了滿足建造金字塔的野心，不惜逼迫親生女兒賣淫來籌措短缺的資金。

然而，芭芭拉・華特森（Barbara Watterson）在《埃及人》一書中，直指希羅多德陳述的內容「根本無憑無據」。瓊・曼奇・懷特（Jon Manchip White）在《古埃及日常生活》一書中則寫道，在這個時期，埃及奴隸制度漫無章法，還不成規模，奴隸人數也不多，且奴隸幾乎全是來自異邦的俘虜，無一例外。埃及自由民很少被販賣為奴，而既然一定是自由民建造了金字塔，那他們當中大概沒幾個人會是奴隸。

過了大約五世紀，到了公元一世紀時，猶太教祭司兼歷史學家弗拉維・約瑟夫（Flavius Josephus）在《猶太古史》中主張，建造金字塔的不是埃及奴隸，而是希伯來奴隸。約瑟夫在書中解釋，「埃及人對希伯來人不懷好意，覬覦他們的財產，因此指派他們去修築金字塔。他們就這樣度過飽受折磨的四百年」——但是這段敘述對應的日期不太精確，因為埃及吉薩金字塔落成的時間點，是大約在公元前二六四九年至前一六四〇年之間，而摩西帶領希伯來奴隸出埃及，卻是在公元前一三〇〇年左右的事。

《建築史》作者史畢羅・考斯托（Spiro Kostof）指出，蓋金字塔的人是石匠和

工匠等正規工作者，所以我們不該再把金字塔視為壓榨奴隸的成果。除此之外，華特森也同意，農民在不需技術的工作上幫了大忙——當洪水氾濫無法耕種時，他們會一起去建造金字塔。考斯托補充，七月底至十月底間，尼羅河氾濫成災，大多數人閒著沒事，所以很可能徵收了額外人力來搬運石塊；華特森更近一步解釋，農民服勞役後可以獲得口糧，一般家庭也都很樂見這類額外糧食。依此看，興建金字塔是特別設計的就業方案，其中還藏有為人民謀福利的用心。

米洛斯拉夫・維納爾（Miroslav Verner）在《金字塔》一書中主張，這些工匠堪比歐洲中世紀工匠的同業公會；考斯托認為，古代社會確實能從修建紀念碑的過程中獲得「滿足」，就像英格蘭巨石陣，吉薩金字塔是象徵希望的紀念碑。

至於將「奴隸建築工」活活封進金字塔墓穴中，以防技術外流的傳言，華特森則追溯至刻在伊內尼（Ineni）陵墓上的銘文。根據銘文記載，拉美西斯九世負責監督圖特摩斯一世法老的陵墓工程，以及確保整個施工過程都沒有被人看見或聽見。另外，她還補充：那些建築工不是用過即丟的無名小卒，「修築皇家陵墓的工人個個手藝精湛，都是受人敬重，生活過得比一般人更優渥的工匠。」

這裡還有一則小趣聞，興建拉美西斯三世的陵廟哈布城時，工人因不滿建材遲遲沒送到，上頭還置之不理，發起了「罷工運動」。嗯，這想必是有史以來第一場靜坐抗議！

## 4—羅德島巨像跨立在船隻出入的港口？

這座刻劃太陽神赫利歐斯（Helios）的宏偉雕像，矗立在古希臘的羅德島城。公元前二八〇年左右，為了紀念島民安然度過漫長的羅德島圍城戰，雕刻家卡雷斯（Chares）因而設計了這座雕像。卡雷斯用青銅來造這座巨像，並以鐵材支撐、以石材穩定。據說這座巨像高達七十腕尺[1]，相當於三十二公尺，或一〇五英呎。

在大部分羅德島巨像的繪圖中，赫利歐斯雙腿大開，跨立於港灣出入口上，胯下則有船隻穿梭來往。想想這景象多麼壯觀！當漫不經心的水手航經羅德島，好巧不巧往上一瞥，肯定會很吃驚。伊麗莎白時代劇作家威廉．莎士比亞（William Shakespeare）似乎認為這個意象真有其事，在劇作《凱撒大帝》中，凱撒如此宣告：

喲，老兄，他橫跨在狹小的世界之上／就像一個巨人；而卑微如我們／走過他巨大的雙腿之間，偷偷瞧一瞧四周／只想給自己找個不值一提的葬身之地。

在《希臘燈塔》一書中，作者懷爾（Wire）和瑞耶佩基達奇（Reyes-Pergioudakis）指出，歷史學者早就認為這種說法只是誇大其辭，因為這座雕像根本不夠高，也無法在港口兩側防波堤上各佔一個立足點，比較可能的是，他站在今天的聖尼古拉斯燈塔附近，居高臨下俯瞰港口。歷史學家還補充，「許多建築師和工程師都認為，赫利歐斯的姿勢一定是雙腳併攏，穩穩嵌在防坡堤上，整個站得直挺挺的。」

遺憾的是，赫利歐斯雕像再也不像以前那樣矗立原地了。公元一世紀，歷史學家老蒲林尼（Pliny the Elder）在《博物誌》中記載：幾乎沒有人能張臂環抱這座雕像的拇指，它的手指比大多數的雕像還長，斷肢上還有如洞穴般寬闊的裂縫。

據說這座雕像落成約五十年後，就在一次地震中倒塌。當時羅德島居民一發現腳下土地開始震動，應該就狂奔到山丘上避難去了。

---

1 手肘至中指尖的長度以「腕尺」（cubit，又譯為「肘」）表示，據說古埃及即以腕尺當作建造金字塔的度量單位。

## 5 — 基督徒被丟進古羅馬競技場餵獅子？

我在一本兒童教科書上，讀到一段關於古羅馬競技場的段落：「每逢特別的日子，古羅馬人就會聚集到圓形競技場，等候觀賞餘興節目。」接著這篇文章繼續說明古羅馬人如何將基督徒、罪犯和奴隸丟進圓形競技場，任由獅子追趕、撲咬並殺死他們。

一八六九年，大名鼎鼎的美國作家馬克．吐溫（Mark Twain）在《傻子旅行記》中也犯了同樣的錯誤，聲稱除了格鬥競技和其他表演外，古羅馬人有時候也把信奉敵對教派的人（基督徒）扔進圓形競技場，然後放出猛獸攻擊他們。根據估計，大約有七萬名基督徒在這裡被殺害。

但若從宏觀的角度來看就知道，公元六四年，尼祿大帝開始迫害基督徒時，圓形競技場根本還沒蓋好，所以實在不太可能把基督徒扔到場上宰殺。到了公元八〇年，提圖斯大帝才正式啟用古羅馬競技場，但主要是用來展示動物屠戮秀，而這時迫害基督徒的風氣也已經衰退了。此外，《簡明牛津基督教派詞典》指出，截至公元三世紀以前，雖然迫害基督徒的風氣從未徹底消失，但那些迫害只曾零星發生，也都沒有太大的影響。

在《新約聖經時代希臘羅馬世界》一書中，詹姆・傑佛（James S. Jeffers）指出，大約有數百名甚或數千名古羅馬基督徒在這些迫害中喪生，但沒有任何一場迫害是在圓形競技場裡。丹尼爾・恩特賓（Daniel T. Unterbrink）在《加利利人猶大》一書中也證實，公元六九年羅馬競技場才完工，比迫害基督徒行動的開端晚了五年。根據恩特賓，尼祿大帝其實是在著名的羅馬廣場「麥西穆大競技場」上處決犯人，而非圓形競技場。

被丟進競技場餵獅子的那些基督教殉道者中，名氣最響亮的就是來自安提阿的聖依納爵（St Ignatius），不過《天主教百科全書》也勉為其難地承認：「聖依納爵在圓形競技場殉道的證據，實在還不夠確鑿有力」。此百科全書後續補充，神父德勒賀（S. J. Delehave）調查這樁傳聞後，更斷定將古羅馬圓形競技場列入「基督徒鍾愛紀念遺址」是毫無歷史根據的。《羅馬精神》一書也同意，沒有確切證據顯示古人曾在圓形競技場處決基督徒。

那麼，究竟是從何時發展出這項傳統？《天主教百科全書》給了我們一條可能的線索。據說在十六世紀，教宗庇護五世「建議欲取得聖徒遺骸者去圓形競技場，掬一把場上的沙子，因為那些沙子飽含殉道者的鮮血」。一六五三年，費拉曼德．馬第內利（Fioravante Martinelli）在

《異教羅馬如何神聖》一書中引用這個說法，認為在基督徒殉難的歷史中，古羅馬圓形競技場是最神聖的場所。

今天，任何把羅馬競技場上的沙子尊為「神聖之沙」的人，或許都該知道那些沙子一點也神聖，不過只是一般沙子罷了。

## 6 羅馬皇帝克勞狄被羽毛噎死？

若談到歷史上滑稽的死法，常會提到公元一世紀羅馬皇帝克勞狄（Claudius）。公元五四年，這位六十四歲高齡的皇帝，據說因為一根羽毛而噎死了——皇帝飲宴狂歡後，醫生用來幫他催吐的羽毛疑似就是兇手。

克勞狄大帝很貪吃，公元一世紀末編年史家薛東尼奧在《克勞狄的一生》中說道，「皇帝狼吞虎嚥後，就躺下來睡大頭覺，嘴巴還張得開開的」。不過羽毛療法似乎有那麼點真實性，因為根據薛東尼奧，每當克勞狄變成這副模樣，「旁人就會拿根羽毛塞進他的喉嚨，刺激他把胃裡的東西吐出來」。好險現代已經有治消化不良的新療法，真是謝天謝地！附帶一提，羅馬人沒有什麼嘔吐專用的特殊房間……根據《牛津英語詞典》，「大通道」（vomitorium）[2]意指「古代競技場或劇場的通道或出入口，可通往或離開場內座位」，純粹是為了方便大批觀眾在幾分鐘內離開會場。一九六五年，理查・艾伯哈特（Richard Eberhart）在《詩選》中誤用了這個詞：**老兄啊！你的內臟都被吐出來啦／如今到處都是你的嘔吐道**。

薛東尼奧從沒說過克勞狄大帝被噎死，只說「大多數人認為克勞狄被毒死了」。公元一世紀羅馬編年史家塞內卡（Seneca），可能就是在克勞狄大帝駕崩那年，寫出《變瓜記》，他在書中繪聲繪影描寫克勞狄之死（或許描繪得太生動了點）。塞內卡寫道，克勞狄「用最輕鬆的溝通管道，爆出更大的聲音後，說出最後一句遺言。」他加上這句話來逗樂讀者：**噢老天，我想我拉了自己一褲子**。塞內卡還補一句：「就我所知，他還當真拉了，拉得到處都是。」依他如此形容，看起來當然就像克勞狄不小心吃進壞東西，才導致腸胃作怪。

公元一世紀末，羅馬編年史家塔西佗（Tacitus）在《羅馬編年史》中記載，「當時的作家寫道，有人在一盤美味的蘑菇中加入毒藥」。雖然如此，塔西佗卻認為克勞狄其實沒把毒藥吸收進去，因為他剛好在消化、排便，因此剛好救了他一命。

於是，羽毛再度登場。塔西佗認為，既然毒蘑菇被克勞狄的消化系統排出來了，兇手只好改用真正的兇器：毒羽毛。克勞狄的妻子阿格麗皮娜（Agrippina）與醫生色諾芬共謀，他把一根沾有急速致命毒藥的羽毛，塞進克勞狄的喉嚨，假裝在幫他催吐。當代作家羅伯特．格雷夫斯（Robert Graves）在《克勞狄神及其妻梅莎麗娜》[3]中，也沿用塔西佗對克勞狄之死的詮釋。

羅馬的相關文獻也認為克勞狄是被毒死，而不是被噎死的——但無論兇器是羽毛還是蘑菇，根據《古典世界人物》一則條目記載，這個理論仍然「曾經遭人質疑」。二〇〇二年，瑪米恩（V. J. Marmion）的研究團隊在《皇家醫學會期刊》上發表調查結果，指出克勞狄之死的種種特徵，都顯示這是腦血管疾病造成的猝死。因此，克勞狄大帝很可能是自然死亡，根本沒被下毒。

這下子，那一票羅馬編年史家，全成了愛嚼舌根的傢伙啦！

---

2 vomit（嘔吐）和字尾 -torium（場所）合起來就是 vomitorium，容易被誤解成「嘔吐道」。

3 梅莎麗娜是克勞狄的第三任妻子，阿格麗皮娜是第四任。

## 7－君士坦丁大帝改信基督教後，成為一代賢君？

公元三世紀，羅馬皇帝君士坦丁榮登羅馬史上第一個基督教皇帝，他不僅將基督教變成羅馬社會的合法宗教，還建立君士坦丁堡市。公元三一二年，君士坦丁大帝驟然改宗基督教，因為當時他看見一個妙象，妙象許諾他，只要在象徵基督的標誌下戰鬥，就能在戰役中得勝。後來他果真打贏那場仗，從此戰無不勝。根據《天主教百科全書》，君士坦丁為孩童、奴隸和婦女貢獻良多，而這些人都是遭舊羅馬法苛待的弱勢族群。

遺憾的是，君士坦丁大帝對待親近的家人時，似乎就不再秉持同樣的基督教博愛精神。公元三二三年，君士坦丁大帝和時任共治皇帝的妹婿李錫尼（Licinius）為了宗教政策開戰。雖然君士坦丁原本承諾李錫尼保他一命，但數月後還是把他勒斃。

過了幾年，君士坦丁更暗中謀殺受人愛戴的兒子奎斯普（Crispus）。表面看起來是因為繼母法烏斯妲指控奎斯普不道德[4]，所以君士坦丁才下令殺了他。但是後來事實證明，這項指控根本無憑無據，因此，根據公元四世紀的著作《眾凱撒典範》（The Epitome de Cuesaribus，作者不詳），君士坦丁大帝急著用另一個錯誤來彌補這個錯誤——他殺了妻子法烏斯妲，把她扔進裝滿熱水的浴桶，活活煮沸至死。

不僅如此，他還找來被勒斃的妹婿李錫尼的兒子，先以他的生母是奴隸為由，怪罪他太囂張，接著派人把他活活鞭打至死。不過也有一些史料僅僅記載李錫尼之子被流放非洲，一輩子服苦役。

《天主教百科全書》記載，讀過這些慘無人道的故事後，實在很難相信這麼一個皇帝偶爾也有溫煦和藹的一面，但人性畢竟充滿了各種矛盾。

---

4 法烏斯妲指控奎普斯和她亂倫私通。

第二章

# 王室

## 8—亞瑟王有一張圓桌？

在英國溫徹斯特古堡（Winchester Castle）的大會堂裡，有一張高高懸掛在牆上的氣派圓桌。在這張圓桌上，亞瑟王和二十四個武士的名字都刻在對應的位置，正中央的銘文寫道：「這是亞瑟王與他欽定的二十四名武士的圓桌。」一眾武士的名字刻在最外圍一圈，其中，加拉哈德（Galahad）和莫德雷德（Mordred）分別與亞瑟王的名字左右相鄰。就一個據說是六世紀人造物的骨董而言，這張桌子的狀態顯然維持得很好。此外，圓桌中央還繪有一朵碩大的都鐸玫瑰，可以幫助我們考究圓桌的真正起源。

關於這件事的真相究竟是？據說六世紀曾統治英國的偉大亞瑟王，其實從來就不曾存在過。

在《牛津國家人物傳記詞典》，帕德（O. J. Padel）寫道，「任何當代文獻都沒提到亞瑟」，也沒有任何確切跡象，能解釋這個傳說是如何或從哪裡開始流傳的。十二世紀，來自蒙默斯的喬佛瑞（Geoffrey）撰寫的《不列顛王記》（卷六）問世，拜這本書之賜，亞瑟更進一步名揚國際。在喬佛瑞筆下，亞瑟王是一個名氣響亮，憑著英勇行為流芳百世的人。所有武士圍繞圓桌而坐時，誰也不能聲稱自己的地位比另一個人高，所以亞瑟王的圓桌成了騎士交遊的潤滑劑，直到十二世紀仍廣泛流傳，例如來自澤西的瓦司（Wace），就曾於一一五五年在諾曼法語版的《布魯圖斯傳奇》（Le Roman de Brut）中，描寫「亞瑟王」任命「圓桌武士」的故事。

在《英國民間傳說詞典》中，編纂者賈桂琳．辛普森（Jacqueline Simpson）與史帝夫．勞德（Steve Roud）進一步解釋，溫徹斯特古堡的圓桌於十四世紀製成，可能和國王愛德華三世打算建造一支「圓桌勳爵士團」有關。《賀欽森百科全書》認為，這張桌子可能是馬上長槍比武遺留下來的文物。自十二世紀以降，就有一種以圓桌為名的比武大會，每個武士皆要扮演亞瑟王故事中的人物。此外，辛普森和勞德補充，一五二二年，國王亨利八世翻修這張桌子時，加上了都鐸玫瑰，還以自己為模特兒，描繪出亞瑟王的肖像。

遺憾的是，不管是足智多謀的亞瑟王，還是象徵平等主義的圓桌，在歷史上都不曾存在過。不過儘管如此，亞瑟王與圓桌仍不失為饒富趣味的好故事。

## 9 —克努特國王能命令海水退下？

在經濟學中，世人常以十一世紀國王克努特（Cnut）為例，說明何謂「螳臂擋車」。歷史學家兼傳記作家特羅（M. J. Trow）在《克努特》一書中指出，政治人物和經濟學者，常出現自欺欺人的「克努特症狀」。然而，羅伯特．雷西（Robert Lacey）在《偉大的歷史故事》中卻認為，克努特國王以為自己能擋下海浪的這個觀念，其實是錯誤的——根據亨利（Henry，來自亨廷登）的記載，克努特國王心裡想的恰恰相反。

編年史家亨利在《英格蘭史》中，形容此舉是高貴且偉大的行為，而且在克努特國王以前，英格蘭從未有過權威如此強大的國王。當時克努特國王權傾天下，在潮水上漲時命令手下把王座擺在海岸上。雖然從亨利的敘述中，看不出這裝神弄鬼的一幕是在哪裡發生的，但羅柏特．甘堡斯（Robert Gambles）在《破蛹成蝶》一書中提到，薩塞克斯（Sussex）常在當時具重要地位的博軒姆港舉行某些傳統，皇室成員經常大駕光臨，也是時人搭船出航的熱門據點。

亨利還寫道，克努特國王向高漲的潮水發出宣言：「王座之下的土地都歸我所有，因此你是我的子民，從沒有人膽敢抗命還能獲得赦免。身為主宰的我命令你，不得將潮水漲到我的土地上，也不得擅自打溼我的衣裳或肢體」。但是，不敬的海水照常湧上岸，把國王的雙腳和小腿浸得溼答答的。這時周圍的佞臣都聽見國王高聲嚷嚷：「讓全世界知道國王的力量是多麼貧乏又無用！除了能叫天空、大地和海洋遵循永恆定律的上帝，沒有人是名副其實的國王。」

這齣敬神的戲碼使得國王再也不戴金王冠，並將王冠放在十字架上的主耶穌圖像上，讚嘆偉大的君主耶和華。克努特國王向朝臣證明，比起上帝，他的力量根本微不足道。

僅僅過了二十年，在十二世紀中葉，盎格魯諾曼裔編年史家傑弗瑞・蓋謨

（Geoffrey Gaimar）就在《英國史》中重述這件事。他不但把場景設定在泰晤士河，還賦予這個故事截然不同的觀點。在《英國史》中，克努特國王發現海潮不服從，藐視他的命令，他則站在離西敏寺教堂很近的地方，腳下的海潮不斷湧動。國王高舉權杖，喝令浪潮「快回去！逃離我身邊，否則我打你」，但他還是被潮水打溼了。根據蓋謨記載，國王終於變得謙卑，並承諾要前往羅馬朝聖。

在《英格蘭史》（卷一）中，十八世紀歷史學家大衛．休姆（David Hume）沿用亨利的解讀角度。根據休姆，克努特國王要身邊的馬屁精在潮水升起時，把椅子設置在岸邊，等海水把他浸得溼透後，便低聲下氣告訴他們：「比起上帝獨一無二的存有，天地萬物都是軟弱無力的。」

在克努特國王當政期間，世人普遍對他讚譽有加。吉姆．布拉柏禮（Jim Bradbury）在《中世紀戰爭》一書中主張，這個海潮故事後來遭人扭曲，克努特因此被塑造成狂妄自大的君主。特羅同意布拉柏禮的說法，並認為「克努特症狀」一詞應用在當代的方式，與亨利的原意完全相反：原本描述偉大國王克努特「虔敬而謙卑」的部份突然不見了，取而代之的是一個愚昧傲慢的自大狂，自以為擁有比上帝更強大的力量。蓋讃把他敬神的一幕扭曲得醜態百出，但英明的克努特國王或許會豁達地一笑置之……。

## 10　英國女王伊麗莎白一世裝了木假牙？

十六世紀，「童貞女王」伊麗莎白一世愛吃甜食出了名，因此她臨終前幾乎一顆牙齒也不剩。

艾莉森．普洛登（Alison Plowden）在《伊麗莎白一世》一書中引述當代德國律師保羅．漢斯納（Paul Hentzner）的一番話，他把英國人容易蛀牙的體質歸咎於「太喜歡吃甜食」。再說，伊麗莎白時代[5]幾乎沒有牙醫技術，所以實在是幫不上忙。伊莉莎白．詹金斯（Elizabeth Jenkins）在《偉大女王伊麗莎白》一書中說道，「清潔牙齒的方式，就是用一塊布，裡裡外外地擦拭」，而女王的新年禮物就是「荷蘭麻料製成的潔牙布，上面還有黑色和銀色鑲邊。」

伊麗莎白一世步入中年後，牙齒就開始腐爛，雖然她還是維持著女王的風範，但齲齒已經破壞了她的容貌。法國梅斯（Maisse）的大使安德烈・胡羅（André Hurault）在一五九七年的《日誌》中，如此形容女王一五九六年牙齒的模樣：「女王的牙齒現在看起來參差泛黃，跟前人描述的樣子相比，左邊的數量比右邊少，甚至有好幾顆牙都不在了。女王的牙齒狀況不佳，所以她話說得太快時，別人很難聽懂她在說什麼。」

講話口齒不清不是最糟的，女王還飽受牙痛之苦。伊麗莎白時代的人不僅把蟲子視為牙痛的起因，還當成一種療法。麗薩・皮卡（Liza Picard）在《伊麗莎白時代倫敦生活》一書中，引用托馬斯・希爾（Thomas Hill）於一五六八年發表的《園藝妙用》，根據希爾的建議，把迷迭香木燒成粉末後，就可以拿來淨白牙齒、驅除牙齒裡的蟲子。皮卡也提到，一五六一年約翰・霍利布胥（John Hollybush）在《最傑出的完美家庭藥劑師》中提出了一種特殊療法——「應該用灰蟲子……以粗針串起來。」

有次伊麗莎白女王牙痛發作，持續痛了兩個月。歷史學家兼傳記作家約翰・史

特萊普（John Strype）在一七〇一年《約翰・艾爾默其人其事》中記載，這次牙痛讓女王連續幾個晚上都得不到片刻休息。

起初女王一直不肯拔牙，因為怕拔了以後會痛得要命，後來高貴的艾爾默主教（Bishop Aylmer）自告奮勇拔下自己的一顆牙齒，讓女王明白其實沒那麼疼、一點也不必害怕，才終於說服她。

普洛登後來引用漢斯納的描述，說伊麗莎白女王六十多歲後，剩下的牙齒全都變黑了。詹姆斯・溫布蘭特（James Wynbrandt）在《牙科劇痛史》中，引述一六〇二年一位目擊者的話：當時伊麗莎白女王年近七十，掌權時期正步入尾聲，而這位目擊者認為她「依然興高采烈，只是牙齒看起來糟了點」。這段證詞清楚顯示，女王還留有一口顯而易見的齲齒，不曾裝上華貴的手工木假牙。

直到十八世紀後才有假牙的發明，而在假牙固著膏出現前，世人戴假牙純粹是為了美觀，吃飯時也必須拆下來。十六世紀時，人們通常會把捲成一團的布料塞進口腔裡，好掩飾缺牙的凹洞。溫布蘭特筆下的目擊者指出，伊麗莎白女王公開亮相時，得把很多精緻布料塞進嘴巴裡，才能把臉頰撐起來。或許是填凹洞的捲布塞和木楔看起來很像，才會被誤傳是木假牙。

只要想想世上沒有牙醫會是什麼慘況，定期去看牙齒似乎也沒那麼糟。

---

5 指伊麗莎白一世當政時期（一五五八年至一六〇三年）。

## 11——戰爭女王布狄卡駕著刀輪戰車？

這位公元一世紀的戰爭女王，就是廣為人知的布狄卡，也是統領古英國愛西尼部落（Iceni，位於今東安格利亞）的女王。在羅馬人強奪她部落的財產、毒打她，甚至性侵她兩個女兒後，布狄卡隨即對這些壓迫者發動戰爭。

我們先來談談布狄卡的名字吧。安托妮雅．弗雷澤（Antonia Fraser）在《戰爭女王》一書中解釋道，公元一世紀，羅馬歷史學家塔西佗按照同代人的做法，僅僅將女王的名字翻譯成「Boadicea」，但她認為塔西佗錯了，正確的拼寫方式應該是「Boudica」。有趣的是，弗雷澤也指出古威爾斯語「bouda」的意思是勝利，顯示布狄卡女王與維多利亞女王頗有淵源。

湯瑪斯．桑尼考（Thomas Thornycroft）製作的青銅雕像〈布狄卡與女兒們〉，自一九〇二年起就矗立於倫敦西敏寺堤岸。布狄卡女王雕像手持長矛，駕著車猛速衝向仇敵（身邊的兩個女兒遭到性侵後，都還沒穿上衣服……但這似乎不影響他們）。著名考古學家葛拉翰・韋斯特（Graham Webster）在《布狄卡》中指出，這輛戰車的金屬車身笨重，車輪堅固，就算是由壯碩且精神抖擻的駿馬拉著，在泥地中也走不了多遠。最引人遐思的，莫過於那對固定在車軸上的彎刀。弗雷澤指出，事實上，布狄卡女王的戰車並未加裝小刀（或大鐮刀），他還認為「關於布狄卡，這是極少數可以肯定的資料」。

韋斯特認為，以這種方式描繪布狄卡的戰車，不過是一種別出心裁的浪漫虛構。《凱爾特世界》一書作者米蘭達・葛林（Miranda Green）也認為，配有鐮刀的車輪真的問世後，更難打破世人對凱爾特族的誤解，使這個謠言代代相傳，深植人心。韋斯特認為這項駭人的細節饒富趣味，肯定將繼續烙印在世人心中，變成一種既定印象。

桑尼考當初設計雕像時，靈感也許來自於古代亞洲人用的刀輪戰車。公元四世紀作家弗格修斯（Vegetius）在《兵法簡述》一書中指出，公元一世紀時，敘利亞

國王安條克（Antiochus）和本都國王米特里達狄（Mithridates）都曾在戰鬥中使用刀輪戰車。大家對敵人不敢掉以輕心，但他們很快就淪為笑柄，因為開戰後羅馬人就冷不防撒出鐵蒺藜（有四個尖刺的武器），撒得戰場上到處都是。疾馳的戰車一絆到鐵蒺藜就毀了。這麼做的效果，大概就像警察為了對付駕駛四輪驅動車的壞蛋，偷偷在馬路上放置一面「刺胎器」吧。

公元前三世紀，波斯人也曾用刀輪戰車對付亞歷山大大帝，但結果沒好到哪去……瓦德瑪・赫寇（Waldemar Heckel）在《亞歷山大大帝戰爭錄》一書中指出，亞歷山大大帝的長槍護衛在敵人靠近時，就分別排成幾列，而後掏槍擊落駕駛或其他人馬，而不是任由敵人砍斷他們的腿。

那麼，古代英國戰車實際上是什麼樣子？韋斯特指出，凱薩大帝為了娛樂軍隊弟兄，常會描述「英國戰車」運作的方式。因此我們可以從中一窺這種車輛的真實特性：「經過每日的鍛鍊與操作，駕駛熟能生巧，驅馬奔下極其陡峭的斜坡也能完全駕馭自如。」這些訓練有素的駕駛能夠急速煞車、沿著轅桿跑，也能站在馬軛上，再迅速回到馬車上。

看樣子，公元一世紀英國駕駛憑的是身手矯捷的真本事，而非張牙舞爪卻中看不中用的豪華裝備。

## 12 — 埃及豔后克麗奧佩特拉是個大美人？

公元前一世紀，馬其頓裔埃及皇后克麗奧佩特拉（Cleopatra）最為人熟知的，就是先後迷倒了凱撒大帝，以及凱撒麾下大將馬克・安東尼（Marc Antony）。克麗奧佩特拉最後和安東尼結為夫妻。

從鑄刻在硬幣上的肖像可以看出，她的鼻子很長，下巴凸出。一般人認為，或許是世人對理想美貌的觀點改變了，才會出現這種矛盾。有人主張在她的時代，長鼻子與凸下巴才是主流美，只是現在並非如此罷了。公元一世紀羅馬歷史學家普魯塔克（Plutarch）實際上沒見過克麗奧佩特拉，不過他在《希臘羅馬名人傳》中，留下了關於她容貌的唯一記錄。仔細讀過這段文字後，我們就能得到真正的答案：克麗奧佩特拉「實際上的美，不在於外表本身美到無與倫比」。普魯塔克還強調，她的外表也不算美到傾國傾城。

克麗奧佩特拉美在「智慧」——

現代人聽了多半覺得不可思議。普魯塔克指出，不是因為她的美貌讓她突出，而是「她在言談之間流露的慧黠與靈巧」使其特別。普魯塔克還寫道，克麗奧佩特拉遇見安東尼時，她的女性美正處於極致，而雙方的智力也完全達到成熟狀態。照這種說法看來，他的意思似乎是，女性之美會隨心智發展而提升，他也提到「如果你和她住在一起，就很難抗拒和她朝夕相處的樂趣。她這個人本身的吸引力，再加上談笑之間散發的魅力，還有言行舉止反映出來的性格，都是那麼迷人……光聽到她的聲音就是一種享受，那聲音彷彿某種多弦樂器，可以彈出各種不同的語言。」

但不是人人都拜倒在克麗奧佩特拉的石榴裙下。康涅斯・密德敦（Conyers Middleton）在《西塞羅生平史》一書中，引述家住她對面的西塞羅的一席話。西塞羅說道，她或許送了他幾本還過得去的書，內容有文學內涵，但她在花園漫步時對他高傲無禮，可不能就這樣被原諒。西塞羅宣稱，他只要一想到這件事就覺得氣憤難消，並決意再也不和那幫傢伙扯上關係，因為他們顯然以為他「毫無感情」。

然而，西塞羅似乎才是最終的贏家。最新發現了一枚刻有克麗奧佩特拉肖像的硬幣，有人因此主張她長得並不像個大美人，反而比較像已故的大人物……萊斯・陶遜（Les Dawson）[6]。

6 英國著名喜劇演員。

# 13　英國寶琳王后有六根手指和三個乳房？

在十六世紀，擁有額外的乳頭、乳房或手指的人被認為是女巫。雖然國王亨利八世大概是有史以來第一個，認為把女巫封為英國王后會招來恐怖惡運的人，他一五三三年還是和安・寶琳（Anne Boleyn）結婚了。

不過，瑞莎・華尼奇（Retha M. Warnicke）在《安寶琳的崛起與衰頹》一書中主張，像這樣的宣稱通通大錯特錯。她指出這項謠言的始作俑者，是十六世紀天主教激進份子尼可拉斯・桑德（Nicholas Sander）。一五八五年，他在《英國分裂的起源與進程》一書中，聲稱安的右手有六根手指、下巴長了顆大粉瘤，還說她為了掩飾醜陋的面貌，總是穿能遮住前頸的高領服裝。桑德也堅稱安的母親曾為亨利七世的情婦，認為亨利八世根本是和自己的女兒結婚。

我們在埃里克・艾夫斯（Eric Ives）的《安寶琳的生與死》一書中發現，一五三三年，在安受封為王后的加冕典禮上，有個對她心存敵意的觀察者表示，「她穿著一件紫羅蘭色天鵝絨斗篷，上面有高高的襞襟，用來遮掩她脖子的腫塊——八成是甲狀腺腫」。艾夫斯認為這很可能是蓄意的扭曲。

要說寶琳王后有什麼異於常人的生理特徵，頂多是小指指尖輕微畸形，以及長了幾顆痣而已。在十六世紀末發表的著作《安寶琳皇后生平軼聞》中，傳記作家喬治・魏雅特（George Wyatt）寫道，「在她其中一根手指指甲的側邊，的確還看得見一片小小的指甲」，而據那些看過她的人說，「那片指甲是這麼小，彷彿是造物主在她手上留下不凡的恩典，還常常被她藏起來」。至於那些痣，魏雅特認為「據說她身上的某些部位有幾顆小小的痣，附著在淨透無暇的皮膚表面。」

至於三個乳房的指控，艾夫斯表示，同時代的威尼斯外交官范切斯柯・桑努托（Francesco Sanuto）注意到，安擁有一個發育得不太好的乳房。而既然桑努托曾如此嚴謹評估過安的身體構造，如果她真的多了一個乳房，一定會提到才對。亨利八世和安成婚後沒多久，他寫信給她：「多希望能讓小心肝兒把我摟在懷裡（特別是在夜晚），我相信很快就能親親妳那惹人疼愛的寶貝了……」如果安真有三個這樣的寶貝乳房，他鐵定會注意到吧？

一些評註者認為，似乎原本長在脖子或胸口的小痣，先是一顆大粉瘤，接著變成甲狀腺腫，最後——多虧白希先生（Monsieur Percy）在《醫學詞典》中穿鑿附會——又變魔術般成為第三個乳房。要是真變得出這種把戲，倒是蠻有看頭的啦！

## 14—維多利亞女王的名字不是維多利亞？

這位偉大女王的名字在歷史上經常出現，我們早已視為理所當然，但事情不如我們想的那麼單純。這一切歸根究柢，就是女王的伯父攝政王太任性、太衝動行事了。《人名詞典》證實，維多利亞女王的名字其實是「亞歷山德麗娜」（Alexandrina）。

伊莉莎白・朗福德（Elizabeth Longford）在《維多利亞女王》傳記中指出，這個皇家寶寶是王位繼承人的第五順位，受洗的名字是「喬治安娜・夏洛特・奧古絲塔・亞歷山德麗娜・維多利亞」。在寶寶的母親肯特公爵夫人維多利亞所寫的信中，也曾談到那場洗禮。

攝政王喬治王子是女王的第一教父；俄羅斯沙皇亞歷山大一世則是她的第二教

父；洗禮儀式則由約克公爵代表出席。第一教父很討厭第二教父，所以在洗禮前的傍晚，攝政王拍了一封電報給女王的父母，口氣粗魯地表示，「喬治安娜這個名字不能用」，因為他不想把自己的名字擺在俄羅斯沙皇前面，還說他不准沙皇的名字跟在自己後面，至於其他名字，他會再找他們談一談。

洗禮當天，坎特布里大主教抱著寶寶站在一旁，等著攝政王宣布名字，但攝政王一聲不吭，最後才粗聲粗氣說要命名為「亞歷山德麗娜」。肯特公爵又敦請攝政王提出中間名，並建議他採用「夏洛特」。根據約翰・范德齊斯

（John Van der Kiste）的《王室子女的童年》一書解釋，攝政王有個早逝的獨生女，名字就叫夏洛特。范德齊斯研判，八成是肯特公爵的孩子長得健康又強壯，才導致攝政王憤憤不平。要他用夏洛特來命名？門兒都沒有。

肯特公爵又建議攝政王採用「奧古絲塔」，根據朗福德，這個提議也被否決了，因為這個名字帶有地位顯赫的意涵。最後，攝政王火大了，嚷道：「就用她母親的名字給她起吧！」范德齊斯寫道，這個攝政王又氣憤地加了一條但書，規定維多利亞這個名字後面不能接沙皇的名字。因此，肯特公爵伉儷只能靠僅存的選項「亞歷山德麗娜．維多利亞」，來保住所剩無幾的一絲絲驕傲與喜悅。到了這個節骨眼兒上，孩子的母親還哭了起來。

朗福德證實，公主出生後直到九歲左右，大家都用外國風的暱稱「德麗娜」來稱呼她。等到公主滿十一歲，父母又試圖把她的名字改成夏洛特，也考慮改成伊麗莎白，因為他們覺得那兩個外國名字與國人的情感格格不入。然而，「亞歷山德麗娜」這個名字已經獲得一定程度的認可。根據《簡明世界地名詞典》記載，澳洲南方有一座亞歷山德麗娜湖，就是按小公主的名字來命名的。

儘管如此，維多利亞女王倒也有自己的主張。傳記作家克里斯托弗．希伯特（Christopher Hibbert）在《維多利亞女王》一書中寫道，雖然她名義上是我們唯一合法、正當的君主亞歷山德麗娜．維多利亞夫人，但她卻一向不願意被稱作亞歷山德麗娜女王，不僅如此，女王在所有需要她簽署的文件上，都省略了亞歷山德麗娜。

盧埃林．吳沃德（E. Llewellyn Woodward）在《改革的時代》一書中證實，雖然即將發行的文件仍以「亞歷山德麗娜．維多利亞」稱呼女王，但她在登基當天主持樞密院會議時，僅僅會以「維多利亞」簽署。

就連在維多利亞女王的加冕典禮上，這個名字的爭論也持續延燒。朗福德透露，墨爾本勳爵（Lord Melbourne）不得不告訴維多利亞女王，以前他人用沙皇的名字稱呼她，就是故意要惹惱攝政王，因為攝政王痛恨他，希望他下地獄。從此，亞歷山德麗娜時代就這樣變成維多利亞時代了。

## 15 — 蜘蛛織網激勵了蘇格蘭國王？

諾曼·布魯斯（Norman Bruce）家族和蘇格蘭王室透過聯姻成為親戚後，十二世紀初來到蘇格蘭。一二九〇年，蘇格蘭王位後繼無人，沒多久，第六代安南達爾領主羅伯特·布魯斯（Robert the Bruce）就出面稱王，但英格蘭國王愛德華一世認為自己凌駕蘇格蘭人，具有封建優越地位，所以將約翰·貝利歐（John de Balliol）加冕為王。一直要等到一三〇六年，第八代羅伯特·布魯斯（即後來的羅伯特一世）才終於即位為蘇格蘭國王，並乘著班諾克本戰役把英國人趕出蘇格蘭，最後在一三二八年簽署北安普敦條約，成功帶領蘇格蘭贏得獨立。

故事是這樣的：羅伯特一世躲在北愛爾蘭沿岸附近的拉斯林島——也有人說是蘇格蘭赫布里底群島的侏儸島——時，他看見一隻蜘蛛反覆嘗試結網，深受鼓舞，因此下定決心要和英格蘭奮戰到底。但羅伯特·甘堡斯在《破蛹成蝶》一書中指出，十四世紀，約翰·巴柏（John Barbour）在詩作〈布魯斯〉中對這樁著名的事件隻字未提。一九九七年〈布魯斯〉再版時，鄧肯（A. A. M. Duncan）在序言中也同意，「這個故事找不到任何十八世紀以前的可靠根據」，還說這是一個民間傳說——布魯斯屢敗屢戰，所以才會拿來套用在他身上。

看來，該為這項傳言負起責任的人，就是十九世紀蘇格蘭作家華特·司各特爵士，他在一八二九至一八三〇年發表的著作《祖父的故事：蘇格蘭史》中寫道，布魯斯在「拉斯林島上簡陋的住處」（不是在洞穴）藏身時，發生了一件事——這事原本只是布魯斯一族代代相傳的故事，但隨著時間更迭卻變得越來越真實。根據司各特，布魯斯躺在「破舊不堪的床上，突然有一隻蜘蛛吸引住他的目光」。司各特寫道，那隻蜘蛛編織了六次網都失敗，牠將自己從一根屋樑甩到另一根屋樑。書中接著寫道，布魯斯為了對抗英格蘭及其盟軍，剛好也打了六場仗。這隻令人同情的蜘蛛鍥而不捨，就和他的處境一模一樣。因此，布魯斯決定「依照這隻蜘蛛即將面臨的命運來行動」。最後，那隻蜘蛛成功了，於是布魯斯向英格蘭發起另一次猛攻。司各特向我們保證：「我常遇到布魯斯家族的人，他們對這個故事深信不疑……他們無論如何都不願殺害蜘蛛」。

《蘇格蘭民族故事》作者馬努斯．馬努遜認為，這個故事早在兩百年前就首度出現在道格拉斯家族史上，並由歷史學家兼詩人大衛．休姆記錄而成。但在十七世紀發表的著作《道格拉斯與安格斯家族史》中，休姆主張看到蜘蛛的並非布魯斯，而是布魯斯麾下大將詹姆．道格拉斯（James Douglas）——英格蘭人稱「黑影道格拉斯」，蘇格蘭人則稱「好心的詹姆爵士」。當時，那隻蜘蛛正在一棵樹上結網，接連失敗了十二次才終於成功。道格拉斯觀察到這個現象後，就建議布魯斯效法蜘蛛，「請陛下再賭一把！派軍隊去戰第十三回」。就這樣，按照典型的好萊塢做法，最精采的台詞還是給了意氣風發的英雄布魯斯，儘管學者相信，最初這麼說的人其實是他可靠的盟友道格拉斯。

# 16——英國國王理查三世駝背？

說到國王理查三世，世人最常聯想到的形象，就是一九五五年電影中勞倫斯·奧利佛爵士宛如加西莫多蹣跚走路的模樣。當然，這是莎士比亞對十五世紀君王的詮釋：「畸形怪狀，還沒造好，竟然七早八早就趕著／把我送進人間呼吸，連半成品都稱不上」。

一般認為，皇家收藏信託珍藏的理查三世肖像畫繪於一五二〇年，也就是理查三世駕崩三十五年後。這幅畫看起來也證實了大家心目中的形象，畫中國王的右肩特別高聳。但在《中世紀大百科》中，馬克·歐姆羅（W. Mark Ormrod）寫道：「理查三世駝背一說由來已久，更因莎士比亞而廣為流傳。但此說始終缺乏證據支持。」

其實，莎士比亞只是誇大了湯馬斯·摩爾爵士（Sir Thomas More，英國大法官）

的說法。一五一八年，摩爾在《理查三世生平史》中寫道，理查三世的身材短小，四肢畸形，彎腰駝背，左肩比右肩高很多，還長得其貌不揚，作者接著還補充，說他壞心、暴躁、善妒，冒冒失失地以「雙腳朝前」的臀位分娩來到這個世界……而且生下來就有牙齒。

甘堡斯在《破蛹成蝶》中指出，摩爾在約克城檔案館找到一份城市記錄，並以這份記錄為藍本來寫作。其中有個名叫約翰・潘托爾（John Payntour）的人，指責理查三世是「偽君子、駝背，像條狗被埋在壕溝裡」。然而根據《牛津國家人物傳記詞典》，理查三世戰死沙場後，就被安葬在列斯特市聖方濟會的教堂裡。

在《英格蘭國王史》中，十五世紀牧師兼古文物學者約翰・魯斯（John Rous）提到，理查三世「身材矮小，臉型短，雙肩不對稱，右肩高而左肩低」（但摩爾說左肩比較高。）魯斯還提出一個不太可能的說法，主張理查三世「在母親的子宮中待了兩年，一出生就長著牙齒，頭髮還長及肩膀」。魯斯編纂過紀念華瑞克伯爵（Earls of Warwick）的〈魯斯卷軸〉，他在羊皮紙上以線條繪製家族編年史時，將國王理查三世與王后安妮．內維爾描繪成一對討人喜歡的夫妻。圖中的理查三世看起來和藹可親，雙肩齊高，右手握著一把權杖般的寶劍；安妮王后則一臉吃驚的樣子——不過似乎是她眉毛被畫得太高的緣故。

一五三四年，波利多．維吉爾（Polydore Vergil）在《英國史》中寫道，理查三世「個頭矮小，身體畸形」，但他對理查三世的「駝背」輕描淡寫，說那不過是「一邊肩膀比另一邊高」，儘管他沒說是哪邊高這一點顯得很可疑。霍羅克斯指出，「同時代的編年史家似乎也認為理查三世瘦弱矮小，克羅蘭鎮的編年史家也提到他面容枯槁。如果理查三世身體真是畸形，那可能是體格瘦弱的緣故，但他充其量只是雙肩不同高罷了」。一九七七年，菲利浦．羅茲（Philip Rhodes）在論文〈理查三世的身體畸形〉中主張，理查三世「有一邊肩膀比較高，雖然異於常人，卻是正常的現象」。或許因為身材瘦小的緣故，理查三世可能習慣從事「激烈的運動，尤其是擊劍」，而他的右肩肌肉過度發達，可能是因為他有「輕微的許普倫格畸形（先天性高位肩胛）」。

《英國史詞典》認為，「有關理查三世出生與駝背的異常現象，都是在暗示他很邪惡……但這些皆是捏造出來的」。看來果真如此，因為艾莉森・韋爾（Alison Weir）在《塔中王子》中指出，那張駝背畫像已經遭人篡改，「一九五〇年代與一九七三年，人們曾分別用 X 光掃描畫像，結果顯示，有人把右肩改高了（畫中隱約看得見原本的肩線），雙眼則被改得更小」。

後來亨利・都鐸從理查三世手中奪取王位，以亨利七世為王號，開啟了都鐸王朝。因此在亨利七世篡位後，都鐸王朝政治人物（如：摩爾、魯斯）以譴責的角度檢視理查三世，也是不意外。《大英百科全書》指出，「現代學者傾向把他視為具備潛能的君王，只是遭到十六世紀的政治宣傳抹黑，才傳出心腸歹毒的壞名聲。」

時至今日，倒是有一整個協會在努力替理查三世洗刷汙名。

## 17——國王亨利八世有六個妻子？

都鐸國王亨利八世在位期間（一五〇九年至一五四七年），有天，他意識到自己接連娶的幾個老婆都不夠好，因此陷入窘境，麻煩大了。身為模範天主教徒，他非常不贊成離婚，而羅馬天主教會也不認可這種褻瀆行為，那麼，他該如何擺脫這幾段婚姻的牢籠？答案是，撤銷婚姻！

《牛津英國史指南》寫道，「嚴格說來，亨利八世從沒離過婚，他和來自亞拉岡的凱瑟琳、來自克列弗斯的安妮的婚姻，最後都被他撤銷」。柯林・吉布森（Colin S. Gibson）在《終結婚姻生活》一書中也證實，亨利八世從沒和哪一任妻子離婚，還說遭他撤銷婚姻的不只凱瑟琳和安妮，也包括安・波林。

撤銷婚姻還有一個優點，就是在世人眼中比離婚更「正當」。羅德瑞克・腓力普斯（Roderick Phillip）在《解除婚約》一書中指出：「亨利八世堅持撤銷婚姻，可見雖然他給人廣受女性歡迎的印象，但其實他比一般人更講究婚姻這檔事。」嚴格說來，亨利八世的婚姻有三段不算正式存在過，而且他不過是兩度喪偶，從來沒有離過婚。

亨利八世的第一任妻子凱瑟琳，原先嫁給他哥哥，沒想到婚後一年丈夫就過世了。後來她改嫁亨利，生下六個孩子（其中有兩個兒子）都夭折，只有瑪麗存活下來。於是，一如《柯林斯英國史詞典》的解釋，亨利八世以凱瑟琳無法生出男嗣為由，向教宗克雷芒七世申請撤銷這段長達二十年的婚姻，但教宗不允許。

《都鐸英格蘭》一書提出另一個理由：亨利八世覺得自己和兄嫂成親是亂倫，才會不顧教宗反對，仍然執意撤銷婚姻。而正是這個重大事件，導致史上著名的英國與羅馬天主教會決裂。之後亨利八世成立英格蘭國教會，自命為最高領袖，並將英格蘭推上舉步維艱的新教改革之路。

亨利八世接著再娶的妻子就是安．波林，她作風強勢卻不得人心。結婚後不久，亨利八世的諫臣就發現，她之前曾與別人訂過婚，於是這段婚姻也在「一五三六年被撤銷」。後來，純粹是以防萬一，亨利八世還下令將安斬首，理由是據說她犯下通姦罪（但在疑似通姦的那段時期，她甚至還不是他的合法妻子），而且亨利八世顯然事先和所有律師都串通好了。

處決安以後，亨利八世馬上和珍．西摩（Jane Seymour）成婚。西摩產下國王盼望已久的王儲愛德華六世，但她過了十二天便撒手人寰——或許也算她識時務，趁著還沒色衰愛弛就急流勇退。亨利八世接著迎娶安妮，腓力普斯寫道，這段失敗的第四段婚姻也被撤銷，不過唯獨這一回從現代的角度看有那麼點正當性，因為「她的外表不夠好看，導致亨利八世陽痿」。如今，以無法圓房為由撤銷婚姻，依然具有法律效力。

十九天後，亨利八世似乎已經重振雄風，旋即和安妮的女侍凱撒琳．霍華德（Catherine Howard）再婚。當時凱撒琳年僅十八歲，言行輕佻，不到兩年就被控犯下通姦，背上叛國罪名。她和安一樣，在嫁入皇室前曾和別人訂婚，卻矢口否認。既然沒有撤銷婚姻的理據，也判不了叛國罪，亨利八世顯然別無選擇，只好下令將凱撒琳斬首。

後來，議會通過一項法案：女性若非以處子之身和國王結婚，就形同犯下叛國罪。到了一五四三年，亨利八世和時年三十一歲的凱薩琳・琶爾（Catherine Parr）再婚後，大家才終於鬆了口氣，因為她婚前已經兩度守寡，照理說不可能還是處女，而亨利八世和她成婚四年後駕崩，享年五十二歲。凱薩琳於是再度守寡，後來更邁入第四段婚姻。

因此，有人想出一段著名的順口溜，幫助學生記住亨利八世眾妻子的下場：離婚、斬首、死翹翹，離婚、斬首、活好好。不過，更精確的的說法應該是：撤銷、斬首（且撤銷）、死翹翹，撤銷、斬首、活好好。

另外，「離婚」和「撤銷婚姻」的差別其實很重要，亨利八世拒絕考慮離婚，為接下來三百年樹立了婚姻的典範。腓力普斯指出：「雖然十八世紀就確立了一小部份的離婚形式，卻要等到十九世紀中葉，英格蘭才正式通過離婚法。」

第三章

# 戰役

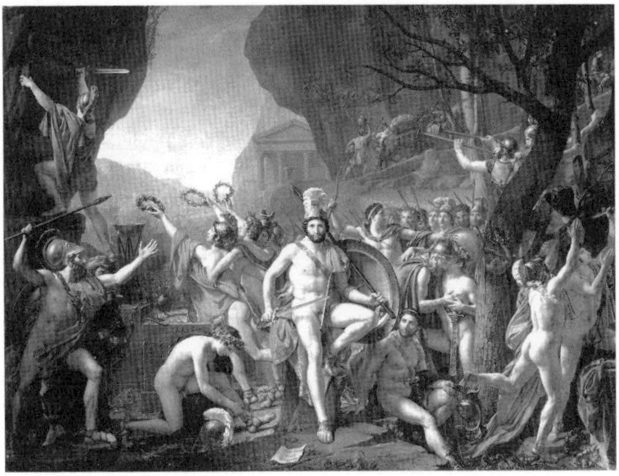

## 18 — 邦克山戰役在邦克山開戰？

邦克山戰役是美國獨立戰爭的第一場重大戰役。一七七五年六月，英國紅衫軍佔領麻州波士頓後，美洲殖民地居民召集了一千六百名兵力，在能夠眺望港口的邦克山築起堡壘。但大衛．艾根博格（David Eggenberger）在《歷史戰役百科全書》中寫道，美洲殖民地居民「一個不小心」，就把堡壘蓋在布里茲山了。

雖然布里茲山地勢較低，較容易防禦，但是《大英百科全書》卻指出，許多歷史學家認為布里茲山反而「容易被攻破」，所以這是「無法自圓其說的決策」。不過艾琳．麥肯（Erin McKean）在其編纂的《新牛津美國詞典》中證實，這一戰「實際上，就是在附近的布里茲山交火」。

根據《牛津世界史詞典》記載，英國派出了約兩千四百名紅衫軍攻下山頭，但從隔天的電訊可以看出，英美雙方都下了錯誤的決策：原本要求「解救」（relieve）美軍的指示，被誤解成「撤退」（retreat）的命令，導致美軍「暴露在敵方的火力攻擊下，損失慘重」。最後山頭失守，損失了總計四百五十名兵力。

艾根博格說道，英國有機會趁美軍撤退時一舉擊潰他們，但卻偏偏在半島上的基地停止追剿。雖然紅衫軍成功搶下布里茲山，不過《牛津軍事史指南》卻記載他們損失慘重，「超過一千人傷亡，傷亡人數約佔進攻兵力的四〇％」。打到最後，這場仗對雙方來說都沒什麼好慶祝的。《牛津美國軍事基礎詞典》指出，美洲殖民地居民認為，布里茲山的戰役「不僅僅是一個判斷失誤的冒險行為」，不過發現強大的英國紅衫軍沒那麼所向無敵後，他們還是多了一絲寬慰。

這一場戰漸漸以邦克山戰役之名廣為流傳，因為一則電訊寫道：「一千五百名殖民地居民前往邦克山，準備在那裡挖壕溝」。根據《大英百科全書》，後人造了一座紀念碑來紀念邦克山戰役，但這座紀念碑卻建在布里茲山上。真是令人百思不得其解。

# 19—天使在第一次世界大戰中選邊站？

一九一四年八月，第一次世界大戰爆發，英法聯軍在德軍猛烈逼近下被迫撤退。幸好當時天使們正在附近守衛著。據說英國退到比利時蒙斯市一帶時，有人看到大天使米迦勒的靈體、天使軍團和守護天使。在《第一次世界大戰》一書中，舉世聞名的歷史學家泰勒（A. J. P. Taylor）指出，這是唯一一次「有人看到支持英國的超自然力量介入（而且說法相當可靠）」之英國戰役。

一九三一年，准將約翰．查特利斯（John Charteris）在其回憶錄《在總司令部》中，收錄一封一九一四年九月五日的家書，上面記載著這段謠言：「耶和華的使者全身穿著白衣裳，一手握著熊熊燃燒的火焰寶劍，一邊騎著傳說中的白馬，阻擋正在進攻蒙斯的德軍」。一九一五年二月十一日，他推測「有些篤信宗教的人寫信回家，說德軍在蒙斯被擋下來了，彷彿耶和華的使者當時就擋在他們面前」。查特利斯猜測，「這封信刊登在某期教區雜誌上，其他前線軍人收到這本雜誌後，在信中敘述這段經過時省略了『彷彿』二字，因而把刪節版故事傳回家鄉，一傳十，十傳百」。

大衛・克拉克（David Clarke）在《蒙斯天使》一書中指出，這些靈體「並沒有第一手記述」。而在《英國民間傳說詞典》中，編輯辛普森和勞德也同意這些說法「都不是第一手的目擊報告」。這些謠言源自一篇第一人稱敘述的虛構故事，發表於《倫敦晚報》（一九一四年九月二十九日），所以查特利斯的推論嘛，不算錯得太離譜。

這篇虛構故事的標題為〈弓箭手〉，見報時並未標明是小說，作者是威爾斯人，也是該報的主筆亞瑟・瑪臣（Arthur Machen）。後來他將這篇故事出版成書，並於一九一五年在前言中解釋，故事的靈感來自「從蒙斯撤退的可怕（真實）敘述」。瑪臣在故事中解釋聖喬治如何在蒙斯戰役中「帶著阿金庫爾弓箭手支援英軍」。但在故事中，他僅以「一條長長的形影，渾身散發著光芒」來描述。該書出版後，《奧祕月刊》編輯寫信問瑪臣：「這故事是不是根據任何事實改寫的？」瑪臣僅僅回他，「這個故事和事實八竿子打不著」，就沒再多想。

後來有個教區雜誌編輯請瑪臣寫一篇短序，「替故事確立可信的證據」，瑪臣只好重申這則故事純屬虛構。但是這名編輯回信給瑪臣，說他「一定搞錯了，〈弓箭手〉一文的主要『事實』絕對是真的，針對這件事來寫作的文章，想必得用真實的歷史來闡述」。這番話令瑪臣感到吃驚，只好繼續解釋他的「輕小說」似乎已經「被當成堅不可摧的事實，為教會的信眾所接受」。

事到如今，這個故事已經深植在眾人的大腦中。瑪臣指出，「在大眾看來，閃閃發光又慷慨行善的超自然存在就是天使」，因此大家寧可歌頌天使的故事，把聖喬治和弓箭手晾在一邊。瑪臣認為，「我故事中的弓箭手已經變成『蒙斯天使』了。」

眼尖的讀者想必已經注意到了，查特利斯的家書比瑪臣的故事更早寫好。克拉克表示，「在查特利斯收藏的書信中，找不到提及蒙斯天使的原始信件。我據此作出結論：他提供的證據並非始於一九一四年，是一九三一年才對。」辛普森和勞德也指出，查特利斯「憑著記憶對當時的筆記增添細節，所以他記錄的日期不見得可靠」。

克拉克補充道，「雖然沒有證據顯示，政府剛成立的宣傳部曾直接插手蒙斯天使的故事，但軍情人員為確保虛構的故事歷久不衰，很可能也出過一份力。」他也指出在一戰後，蒙斯天使的故事「說好聽點是傳說，但說難聽點，根本就是謊言」。克拉克認為，「瑪臣說得對極了，在〈弓箭手〉問世前的那個時代，沒有任何關於『蒙斯天使』的證據」。儘管如此，瑪臣異想天開的故事在一戰神話中，的確成功確立了不可動搖的地位，至今還有人把這則故事當成鐵一般的事實，時不時搬出來老調重彈。

## 20—斯巴達只有三百壯士對抗希臘大軍？

溫泉關位於希臘中部東海岸的狹長隘口。公元前四八〇年，斯巴達國王率領了一支小希臘軍隊，在這裡連續奮戰三天，抵擋波斯大軍的進攻，但最後全部陣亡。根據古希臘歷史學家希羅多德記載，世人將這一役譽為「勝算很低的英勇抗戰」。

十九世紀，蘇格蘭詩人喬治・拜倫勳爵（Lord George Byron）在前往希臘獨立戰爭的路上逝世，途中曾寫下這段詩句，紀念斯巴達三百壯士：「大地呀！從你胸膛往外吐還／幾縷殘餘的斯巴達英魂！／三百好漢只要取其三／就能再戰一回溫泉關！」

拜倫這麼一寫，三百壯士的名聲從此永垂不朽——但這並非完整的真相。尼可・菲爾茲（Nic Fields）在《公元前四八〇年溫泉關》一書中寫道：「三百名奴隸組成了斯巴達輕裝部隊，跟著裝甲步兵一起戰鬥。」《大英百科全書》也提到，有一千一百名戰士來自維奧蒂亞[7]；在《牛津軍事史指南》中，約翰．拉贊貝（John Lazenby）撰寫的條目下則記載共有「大約六千名希臘人」擔任殿後戰士，其中也包括斯巴達人、演員和底比斯人。但《牛津古典世界詞典》卻認為這個數字應該是「六千至七千名希臘人」，包括斯巴達人、演員、底比斯人，以及可能也在場的邁錫尼人（請注意，部分資料來源指出，底比斯人很可能在最後一刻投降了）。或許相較於為數龐大的希臘軍隊，這樣的人數仍然很少，但加總起來，還是遠比傳說中的三百人多。

7　維奧蒂亞（Boeotia），古希臘小城。

## 21—布爾什維克黨人在俄國革命中大舉攻佔冬宮？

一九一七年，俄國共產革命期間，聖彼得堡的冬宮象徵著俄國貴族的暴政。二月革命，人民推翻了帝制政府；十月革命，人民把布爾什維克黨人推上執政地位。然而在奪取政權的過程中，布爾什維克黨人從未「大舉攻佔」冬宮，僅僅「漫步」走進去而已。

後來布爾什維克黨人發起十月革命，把這場革命說成是一場「艱險的英勇行動」，但史帝福・菲利普（Steve Phillips）在《列寧與俄國革命》一書中指出，這種說法是「叫人作嘔的吹牛皮」，因為冬宮根本沒被「大舉攻佔」。事實上，當時冬宮的門戶大開，還幾乎無人受傷。根據湯姆・麥斯特（Tom Masters）的《聖彼得堡》記載，這場戰爭造成的損害微乎其微：「三顆砲彈擊中冬宮。冬宮前的廣場一側佈滿彈孔，三樓則有一扇窗戶被砸得粉碎。」

菲利普解釋，就是因為「省政府沒什麼力」，所以一點點兵力就能長驅直入。到了這時候，這個政府[8]已經「不太值得費力推翻了」。不僅如此，歷史學教授彼得・凱內茲（Peter Kenez）也在《蘇聯史始末》寫道，雖然當時圍攻兵力寥寥無幾又是一盤散沙，但也「沒差了」，因為省政府到最後一刻已經奄奄一息，「實際上，不可能指望任何援軍來解圍」。

英國軍官艾弗德・諾克斯（Alfred W. Knox）在其的回憶錄《身在俄國軍隊》中證實，冬宮的守衛部隊「缺乏糧食供給，大家連續兩天幾乎都沒吃東西，士兵接連逃跑，人數也跟著減少」，而且現場「沒有強者來發號施令或貫徹紀律，沒有人有幹勁打仗」。諾克斯寫道：「哥薩克離開了，聲稱他們反對流血！」而根據諾克斯，「晚上十點，大批海軍少尉離開了，只有少數工程學院的海軍少尉和女人留下來」。

約翰・里德（John Reed）在《震撼世界的十天》中回憶道，隔天凌晨兩點左右，叛亂人士像一條黑色河流湧動，「漸漸充滿整條街道，我們既不歌唱也不歡呼，就這樣湧入紅拱門……主要通道兩側的大門敞開，流洩出燈光」。接著里德和同袍「衝進右側入口，一路通往有拱頂的空蕩大房間」。之後大家開始洗劫冬宮，但此時有人大喊：「同志！什麼也別拿！這是人民的財產！」

里德還寫道，「雖然政府武官很害怕，但沒有人使用暴力」。叛亂人士強硬質問：「你們還會對人民動刀動槍嗎？」政府武官承諾再也不會後，叛亂人士就允許他們自由離開了。

大舉攻佔冬宮一說似乎是娛樂業製造出來的。凱內茲主張，雖然後來世人看過謝爾蓋・艾森斯坦（Sergei Eisenstein）執導的電影《十月》後，對這段歷史耳熟能詳，但這個行動的來龍去脈，和這位偉大的導演所描繪的不一樣。狄特里・蕭尼曼（Dietrich Scheunemann）在一篇〈戲劇與電影中的蒙太奇〉的散文中，提到《十月》耗費鉅資拍攝了一連串主要鏡頭，營造出「紀錄片般的原真性」（此文收錄於楊・

房德安（Jan van der Eng）的《蘇聯》一書中）。

雖說沒有不流血的革命，然而，俄國革命歷史的真相卻恰恰印證了未必如此。

8　二月革命後，克倫斯基在彼得格勒（即聖彼得堡）成立的臨時政府。

## 22—二戰期間，英軍砲口指錯了方向？

第二次世界大戰期間，人稱「馬來之虎」的日本中將山下奉文，擊敗了新加坡衛戍部隊，而後俘虜超過十萬名大英帝國軍，最後成功佔領馬來西亞。新加坡衛戍部隊號稱所向無敵，卻輸掉這場敗仗，令英軍蒙羞。當時，山下奉文發現日軍彈藥短缺，於是下令部隊騎腳踏車繞到島嶼的後方，避免正面進攻。據說英軍精良的海岸砲總是對外朝著大海，無法轉向內陸，因此這項策略奏效了。

理察·霍姆斯（Richard Holmes）在《牛津軍事史指南》中引述溫斯頓·邱吉爾的話，說這場戰爭是「英國軍事史上最糟的災難、最大規模的投降」。今日，大家也堅信那些大砲真的指錯方向，而開始用「新加坡大砲」來比喻任何方向不對的事物。

但是，作家卡爾·賀克（Karl Hack）和凱文·布萊本（Kevin Blackburn）在《新加坡輸定了？》一書中主張：一九四二年二月初逃離新加坡的退伍軍人、平民，要為這個誤傳負責。有個志願役士兵提到，設在新加坡波那維斯達的兩座十五英吋大砲「連一枚砲彈都沒發射過」。《泰晤士報》記者伊恩·莫理循（Ian Morrison）在一九四二年的《馬來西亞後記》中也同意這個說法，主張大砲「已經嵌入混凝土地面，無法將砲口轉向內陸」，還說當時多數的大砲都沒發射過。就連邱吉爾在一九五一年出版的《二戰回憶錄》中，也收錄一封來阿區博·魏菲爾（Archibald Wavell）的電報，同意「許多〔大砲〕都只能朝大海開砲」，而且當初「完全以向海面攻擊為主，並依此來建立新加坡防線」。

儘管證據確鑿，羅伯·考利（Robert Cowley）與傑佛瑞·帕克（Geoffrey Parker）共同編寫的《軍事史》卻指出：「事實上，重型海岸砲都可以三百六十度旋轉。」《太平洋戰爭》作者亞倫·勒維（Alan J. Levine）也同意那些大砲「能全方位旋轉，且保衛的海軍基地就位於島嶼背面，面向內陸」。

《牛津第二次世界大戰指南》指出，雖然「這些大砲可以改變方向朝內陸開火，但卻缺乏陸戰所需的武裝設備，也沒有合適的彈藥」。《戰爭世界》一書作者戈登・葛理爾（Gordon Greer）也同意這種看法，認為「就算當時把新加坡大砲轉向北方開火，並有更合適的彈藥補給，仍發揮不了太大作用。」他還透露，若要抵禦入侵的日軍，「輕型砲和自動武器」才是他們需要的裝備。

事實證明，英軍砲口指錯方向害新加坡淪陷一說，純粹是不明就裡的錯誤觀念。霍姆斯指出，有一種更常見的原因會導致軍事失敗——「戰前的防衛政策，無法以資源平衡承諾」（或許也可以說，缺乏對付腳踏車的武器資源吧）。

第四章

# 民間英雄

# 23｜羅賓漢住在雪伍德森林裡？

雖然眾多歷史人物都可能是羅賓漢的原型，但至今仍無法確定誰是這個好心腸的草莽英雄。侯特（J. C. Holt）在《牛津國家人物傳記詞典》中寫道，根據十三世紀中葉「王室財務紀事官的法庭備忘卷軸」一則條目記載，一二六一年，伯克郡桑德福村的小修道院院長，「未經授權就奪取逃犯威廉．羅賓漢之動產」一案，最後獲得赦免。然而在《想像羅賓漢》一書中，波拉德（A. J. Pollard）卻認為羅賓漢「基本上是個虛構人物」。

文學上關於羅賓漢的敘述，最早可以追溯至十四世紀威廉．藍朗（William Langland）的宗教詩〈農夫皮爾斯〉，詩中一個角色宣稱「我曉得關於羅賓漢的謠曲」。侯特堅稱直到十六世紀以後，修女瑪麗安才開始出現在羅賓漢故事中——她是一個文學、戲劇上的虛構角色，不過修士塔克在歷史上倒是真有其人，他是十五世紀薩塞克斯郡的牧師，名叫羅柏特・史答佛（Robert Stafford）。根據侯特描述，這無賴牧師是黑幫首腦，專營謀殺和強盜。

說起羅賓漢傳奇，總會提到位於英國諾丁漢郡的雪伍德森林。安德魯・溫頓（Andrew Wyntoun）在一四二〇年《原版編年史》中寫道，「小約翰[9]和羅賓漢」都是「備受讚譽的綠林好漢」，一直都在英格爾伍德和巴恩斯代爾森林裡「努力幹自己的活兒」。從這段古老的描述可以看出，這些廣受「讚譽」的法外之徒，就是在巴恩斯代爾或約克郡一帶活動，也可能是在巴恩斯代爾森林謀生。[10]

溫頓的著作問世約三十年後，一四五〇年出現一首史詩謠曲〈羅賓漢傳奇〉，證實了羅賓漢住在巴恩斯代爾的觀點：「我名叫來自巴恩斯代爾的羅賓漢。」此外這首歌也提到「驕傲的諾丁漢郡長」，而羅賓漢雖以巴恩斯代爾為根據地，卻也說過「今天我要去諾丁漢」，聲稱即使身在異鄉還是「非常想念巴恩斯代爾」（巴恩斯代爾在這首歌有各種拼寫方式）。侯特認為〈羅賓漢傳奇〉的主要場景，位於約克郡的「文特布里奇與巴恩斯代爾」；其中，巴恩斯代爾位於舊時約克郡西區。

世人之所以深信羅賓漢來自諾丁漢、住在雪伍德森林，應該要歸功於十九世紀作家華特．司各特爵士（Sir Walter Scott）。司各特從來沒把真相的限制放在眼裡，一心只想編個動聽的故事。一八一九年在他的著名小說《撒克遜英雄傳》中，他執意將時代背景設定在十二世紀的諾丁漢。他筆下的羅賓漢向國王理查一世大聲宣告：「陛下，請別再叫我洛司利[11]了……我是來自雪伍德森林的羅賓漢。」

從此，羅賓漢就住在雪伍德森林了！

---

9 羅賓漢故事中的山賊首領。

10 巴恩斯代爾森林的實際地點有不同說法，一為南約克郡，一為拉特蘭郡。

11 在部分改編故事中，羅賓漢原名羅勃．洛司利（Robert Locksley），一說為 Robin of Locksley，生於靠近諾丁漢郡的洛司利村。

## 24　拓荒者丹尼爾．布恩是兇狠的「印第安戰士」？

的確，早期美國拓荒者丹尼爾．布恩（Daniel Boone）率先發現阿帕拉契山脈的通道（美洲印第安原住民的傳統獵場），進而幫移居者在肯塔基州定居下來，但他實現這一切的方式，並不是透過槍殺原住民。

約翰．馬克．法拉格（John Mack Faragher）在《美國拓荒者丹尼爾．布恩生平傳奇》中主張，「關於布恩是個兇狠的戰士、曾殺害大量印第安人的說法，他的後裔一向持強烈異議」。而根據《我的父親丹尼爾．布恩》一書收錄的訪談稿，納森．布恩（Nathan Boone）也說他父親「只能肯定自己殺過一個人」。

納森提到的例外情況是這樣的：當時布恩意識到自己困在河邊動彈不得，剛好又離一株倒下的樹很近，但偏偏樹上有個印第安人正在獨自垂釣。根據布恩的說法，那個印第安人「突然掉進河裡」。言下之意，就是布恩開槍殺了印第安人以便繼續上路，但他卻「不願從實招來」，畢竟先殺了那個印第安人，他才能「踏上逃離那裡的路」。法拉格解釋道，「在布恩漫長的拓荒生涯中，那是他坦承殺害的極少數印第安人之一」。納森也說，他的父親認為「在其他情況下，自己曾殺死印第安人」，這意味著布恩的子彈，也可能在不經意間曾奪取其他性命。

如果說布恩從未殺害大量的美洲原住民，那麼他一定宰過幾隻熊吧？他曾在樹上刻下兩段著名的文字，其中一段刻於田納西州華盛頓郡，寫著：「一七六〇年丹・布ㄣ在樹邊沙了一隻雄」（D. Boon Cilled A. Bar on Tree in the year 1760）；另一段文字刻在路易斯市的菲爾森歷史學會博物館：「一八〇三年，丹・布ㄣ莎了一隻雄」[12]（D. Boon Kilt a Bar, 1803）。

在那四十多年間，布恩的書寫能力顯然沒怎麼進步，但我們認為，他總該記得怎麼寫自己的名字吧！雖然十八世紀的人，在不同的場合的確可能用不同的方式拼寫名字，但法拉格指出布恩「向來把自己的名字寫作『布恩』」，因此這種半文盲式寫法的『布ㄣ』顯然是偽造的」。

一八三三年，提姆西．弗林（Timothy Flint）在《肯塔基首位開拓者丹尼爾．布恩生平》中，對提及布恩的歷史加油添醋，甚至把鬥熊列入他的成就。根據弗林敘述，布恩對一頭母熊開槍卻沒打中，便掏出刀子戰鬥。那隻熊「昂頭挺立起整個身軀，揮著巨大的熊爪朝他撲抓」，然後無法自制地「隨著全身重量撲壓在刀口上，直到刀片完全沒入牠的身軀，才毫無招架之力地倒在地上」。真是個硬漢！

此外，根據法拉格記述，當他人問布恩是不是也迷路了，這個來自蠻荒西部的大無畏拓荒者答道：「我不能說自己真的迷路了，只不過整整三天搞不清楚方向罷了。」照這樣看來，他也是個謙虛的英雄。法拉格引用布恩說的話：「許多關於我英雄般的舉止、騎士般的冒險，只存在於想像之中。世人大幅改寫我的生平故事……但我不過是個普通人罷了。」

---

12 為配合原文，採用「布ㄣ」、「沙」、「莎」、「雄」等錯字。

## 25—神箭手威廉・泰爾射中兒子頭上的蘋果？

十四世紀瑞士民間英雄威廉・泰爾（William Tell）曾用十字弓射箭，一箭射下放在兒子頭頂上的蘋果，從此打響名號。只要前往瑞士阿爾特多夫（Altdorf），就可以看到泰爾與兒子的雄偉雕像，上面還標明泰爾是一三〇七年間的人物。

根據民間故事記載，奧地利暴君埃曼・格斯勒（Hermann Gessler）老愛作威作福。有一天，他在阿爾特多夫市場豎起一根高竿，竿頂掛著他的帽子，然後就像十九世紀德國劇作家弗里德里希・席勒（Friedrich von Schiller）描寫的那樣，他要求每個村民對竿子「屈膝致敬」，但泰爾拒絕行禮。格斯勒為了懲罰他，下令他「拿起弓……把這小傢伙（泰爾的兒子）頭上的蘋果射下來！」

雖然泰爾順利達成這項壯舉，但他補了一句：「要是這一劍傷了我寶貝孩子一根汗毛，第二支箭我也已經瞄準你了。你放心好了，屆時我絕不會失手。」格斯勒一聽，馬上喝令追拿泰勒，泰勒隨即舉起他百發百中的十字弓，放箭斃了這個無良暴君。

可喜可賀的是，沒有任何瑞士兒童曾被迫加入這可怕的「壯舉」。我們從《大英百科全書》知道，「沒有證據顯示泰勒真有其人」。我們也從約納山・史坦伯格（Jonathan Steinberg）的《為什麼是瑞士？》得知：「這個故事的完整敘述，首見於《薩爾嫩白皮書》，該書可以追溯至一四七四年。」根據《韋氏文學百科全書》，泰爾傳奇的紀錄第一次於十八世紀吉爾格・楚迪（Gilg Tschudi）的《赫爾維蒂編年史》中出現。而根據席勒一八〇四年的戲劇《威廉・泰爾》序言，這個故事改編自某個「從十五世紀起，就把場景設定在瑞士的世界知名故事」。之所以有這個反叛角色泰爾的故事，是因為「森林洲的人民努力想擺脫奧地利的統治」。據說這些事件推動了人民起義，激發人民起身對抗奧地利政權。

到了一八二九年，義大利作曲家焦阿基諾・羅西尼（Gioacchino Rossini）將泰爾傳奇改編成歌劇，使這個故事更加廣為流傳。但因為這齣歌劇長達六小時，所以現在不常上演完整戲碼。

當然，世人津津樂道的神箭手威廉・泰爾之所以往兒子頭上射蘋果，純粹是因為受到了脅迫，而非為了炫技。遺憾的是，美國小說家威廉・布洛斯（William S. Burroughs）的故事就另當別論了。一九五一年，布洛斯在酒醉的狀態下，像泰爾那樣，嘗試射下第二任妻子頭上的水杯，卻意外射死了她。由此可見，當著熱衷玩槍、喝醉酒小說家的面，把蘋果放在自己的頭上，絕對是個錯誤——這個道理，不管對誰都適用。

# 26—保羅・芮維爾大喊：「英國人來啦」？

美國民間英雄保羅・芮維爾（Paul Revere）策馬報信的著名事蹟，就發生在美國獨立戰爭爆發初期。軍事史學家約翰・塞爾比（John Selby）在《往約克鎮路上》一書中寫道，英國將軍托馬斯・蓋奇（Thomas Gage）受命要平定叛亂。一七七五年四月十八日，蓋奇將軍發出密令，要求英軍在康科德「奪取並摧毀槍砲與彈藥」，同時要注意不得「劫掠當地居民或毀損私有財產」。

然而，當天晚上他才驚慌失措地發現，鎮上居民都在竊竊私語，說英國紅衫軍「要在陰溝裡翻船了」——蓋奇的美裔妻子似乎兩面效忠，把消息走漏給當地居民。這下蓋奇的處境可尷尬了，然而，即使他曉得美軍會搶先把軍火藏起來，依然決定繼續完成這趟遠征。也許，是想藉著奪取一些火砲作作樣子吧。在《血淋淋的鼻子》一書中，羅柏・哈維（Robert Harvey）說這項決策是「慘烈的失算」。

雖然歷史紀錄上，多半把芮維爾描繪得慷慨無私，說他策馬疾馳穿梭鄉間、散布英國紅衫軍逼近的警訊，但他不過是在執行自己的工作而已。一七九八年，芮維爾在一封寫給傑若米・貝爾納（Jeremy Belknap）的信中解釋：「波士頓鎮行政委員僱用我，要我把他們的緊急公文送到紐約和費城，好召開大陸會議[13]。」當時大家誤以為異議份子約翰・漢考克（John Hancock）和山繆・亞當斯（Samuel Adams）是英軍這趟遠征的目標，才會派芮維爾和緊急信使威廉・道斯（William Dawes）一同前往萊辛頓（而非康科德），就是要警告漢考克和亞當斯要小心，別被英國人抓走了。

大約一百年後，一八六三年，亨利・朗費羅（Henry Wadsworth Longfellow）譜了一首〈保羅・芮維爾策馬夜奔〉的歌謠，從此這段策馬報信的故事更是永垂不朽。這首歌開頭唱道：「聽哪，我的孩子，你們要聽哪／午夜裡保羅・芮維爾騎著馬。」

這就是事實與虛構的模糊之處。朗費羅聲稱，芮維爾等著他人用燈籠打暗號：「燈一盞，陸上來；燈兩盞，海上來／在對岸，我等待／隨時縱馬奔馳，把消息放／傳遍密德薩斯，村落農莊。」

然而根據《簡明牛津美國文學指南》，「芮維爾從來沒在等誰打燈籠暗號」。芮維爾自己也在信中寫道，是由他打暗號，不是別人把暗號打給他，他必須「在北教堂的尖塔掛上燈籠，當作信號；我們還得擔心要橫渡查爾斯河或穿越波士頓地峽……」。一如《芮維爾與紅衫軍》一書中的說法，芮維爾「會帶著詳細情報設法抵達查爾斯城，萬一他失敗了，還可以利用燈籠，把本來必須捎進鄉間的警訊傳達上校」。

芮維爾談到他策馬行經麥德福時是如何「叫醒民兵隊長，幾乎是挨家挨戶示警，直到我抵達萊辛頓」，並在那裡「向亞當斯先生和漢考克上校示警」。大衛・費舍（David Fischer）在《保羅・芮維爾夜騎》中記載，當時衛兵斥責芮維爾太過吵鬧，芮維爾回嘴：「說我吵！你很快就要被吵個夠了，正規軍來啦！」這句廣為引用的名言「英國人來啦！」似乎就是源自於此。

費舍指出，「那天晚上，緊急信使會說正規軍、紅衫軍、國王軍。如果他們讀過大學，甚至會說『內閣軍』。」但他補充，「沒有任何可靠根據顯示有人大喊『英國人來啦！』（The British are coming!）」，原因很簡單，因為「在一七七五年，麻州居民依然認為自己是英國人」。以費舍的記錄為例，當他人問殖民地居民傑森・羅素為什麼要準備作戰、捍衛家園，他答道：「家是英國人的城堡。」

在萊辛頓，芮維爾、道斯（稍晚才出現）、亞當斯和漢考克終於意識到，英國遠征軍的規模極其龐大，此行不太可能只是為了抓兩個異議份子。（《大英百科全書》也證實：「英國軍隊未曾追緝他們。」）他們因此猜到，英軍是為奪取康科德的軍火而來，於是芮維爾、道斯和山繆．佩斯考特醫生騎馬奔向康科德，「保護那裡的軍火庫……我也提到，前往康拉德的路上，我們最好警告所有居民」。

根據朗費羅的歌謠，芮維爾實現了他的目標：「村裡的大鐘敲響兩點／他正來到康科德橋上。」然而實際上，芮維爾和道斯被英軍半路攔截，始終未能抵達康科德。根據《牛津美國史指南》，「芮維爾被拘留了幾個小時」。而且，道斯和芮維爾都丟了自己的馬，因為據說某個「英國近衛步兵團中士」認為芮維爾的馬比自己的好，搶走他的馬，最後道斯和芮維爾雙雙徒步回到萊辛頓。

根據芮維爾，佩斯考特則已經縱馬越過低矮的石牆，所以實際上，最後抵達康科德的人是佩斯考特才對——「聽哪，我的孩子，我所知道的歷史／才是更精確的山姆．佩斯考特故事……」

世人常說多虧芮維爾策馬疾馳，萊辛頓的居民才能把握寶貴時間，準備好迎戰英國紅衫軍，但哈維主張，芮維爾向革命軍示警的時機「尚未成熟」。雖然芮維爾報信後他們就馬上出動了，不過塞爾比認為，當時英國士兵離那裡還有數小時之遙，因此他們只好暫時解散，「上頭指示，等聽見鼓聲再馬上集合」。

拂曉時分，蓋奇終於率領英國紅衫軍抵達萊辛頓。詹姆斯·荷斯摩（James Hosmer）在一八八六年出版的傳記《鎮民會議代表山繆·亞當斯》中描述，「亞當斯和漢考克一路疾馳穿越田野，從萊辛頓騎到伍伯恩」，最後平安躲進某個朋友的房子，大喊道：「多麼令人心曠神怡的早晨啊！」

然而，回到萊辛頓後發生的一切，可就沒這麼令人心曠神怡了。當時，雙方都嚴令士兵不得先開火，《偉大美國史考證》一書寫道：「沒人知道是誰開了第一槍。」但根據哈維形容，「當兩方軍隊神經緊繃，又都在彼此的射程之內時，就會發生這種可怕意外」。結果雙方都有人傷亡，最後居民寡不敵眾只好先撤退，而紅衫軍則暢行無阻，前往下一個戰場，展開康科德血戰。

---

13　大陸會議為美國國會前身。

第五章

# 政治家

# 27—林肯把蓋茲堡演講稿寫在信封背面？

一八六三年，美國南北戰爭期間爆發了蓋茲堡戰役。戰爭結束四個月後，政府為殉難士兵舉行了一場告別式，還邀請麻州的演說家愛德華・艾弗瑞（Edward Everett）來致詞，而美國總統亞伯拉罕・林肯（Abraham Lincoln）也在最後一刻獲邀參加。出乎眾人意料的，林肯總統不僅答應出席，甚至還願意公開說幾句話。

有人說林肯在前往告別式的路上，匆匆忙忙把演講稿寫在信封背面，但《牛津美國史指南》破除了這個迷思，認為「林肯的簡短講稿（三分鐘）和艾弗瑞長達兩小時的演說形成鮮明對比」，才會引起這種誤解。

大衛・艾克（David J. Eicher）在《蓋茲堡戰場》一書中也同意，林肯的演講「並不是途中寫下的」，更進一步指出「林肯手上有五份抄本」留存至今，但每一份抄本都不是寫在信封背面。根據艾克的說法，林肯「在華盛頓寫下演講的草稿」。

也有人認為，林肯那場演講在事後才獲得遲來的肯定。從諾曼・赫普古（Norman Hapgood）的《林肯傳》可以看出，演講結束後掌聲零落，令林肯覺得很沮喪，他還對一個同伴說：「我講得糟透了，大家都很失望。」但根據《牛津美國史指南》記載，其實這場演講「被掌聲打斷了五次」。

山繆・畢密斯（Samuel Flagg Bemis）在《美國國務卿外交風格》一書中指出，艾弗瑞後來親自寫信給林肯：「我多希望能相信自己在那兩小時裡做得更好，就像你只用短短兩分鐘，就傳達出整場儀式的精髓。」威廉・撒耶（William Thayer）是林肯的私人秘書，他在《海約翰生平與書信》中記載，海約翰[14]曾說「林肯總統以精準、自在，且比平時更優雅的方式，說出那神聖的六個字[15]。隨著哀樂奏響，我們帶著振奮的心情，穿越擁擠的街道回家。」

當時，告別式上的聽眾才剛坐了整整兩小時，聽完艾弗瑞的演講（赫普古說，現在誰也不記得他講了什麼），對於林肯只花三分鐘就完成致詞，大概錯愕得難以置信吧。換句話說，因為聽眾不知道林肯說完了沒，所以不確定該不該給予最後的掌聲。

顯然在這種情況下，簡短有力的演講讓林肯發揚了他的理念，不過演講草稿呢，還不至於短到能寫在信封背面。

14 同為林肯總統的私人秘書，亦曾是老羅斯福總統任內的國務卿。

15 林肯在演講結尾說：「在上帝庇佑之下的國家，自由將新生；這個民有、民治、民享的政府，將永世長存。」神聖的六個英文字應該是指「將永世長存」（shall not perish from the earth）。

# 28——義大利總理墨索里尼讓火車準點行駛？

第一次世界大戰後，原本經營不善的義大利鐵路系統，終於獲得新的資金來源。傳記作者丹尼斯・麥斯密（Denis Mack Smith）在《墨索里尼》一書中寫道，一九二〇年代，「墨索里尼極力將鐵路運輸服務，變成法西斯高效率的一種象徵，義大利火車因而為全歐洲所稱羨」。一九二五年，西班牙歐拉利婭（Infanta Eulalia）在《戰後宮廷與國家》一書中也提到前述轉變，認為「當世人穿越義大利邊境，聽見『火車準時進站』，就能感受到貝尼托・墨索里尼（Benito Mussolini）領導義大利下的第一個德政」。此外，《牛津現代語錄詞典》也寫道，墨索里尼曾吩咐站長：「我們一定要恰恰好準點離站。從現在起，一切都必須完美運作。」

但這就像許多政客的空頭支票，好高騖遠的計畫實施起來，往往只在表面上獲得勝利，實際效果卻不大。根據彼特・涅維爾（Peter Neville）在《墨索里尼傳》

描述，「事實上，鐵路的基礎建設早在一九二二年以前就完成了」，而一九二二年正是墨索里尼開始掌權那一年。就連所謂的「改善」也有誇大之嫌，麥斯密指出：「有些乘客表示，雖然舉世皆知義大利火車絕對準時，但在某種程度上，那只是一種迷思，隨口說說很容易。」在《我們的黃金時代》一書中，艾里珊德・寇克本（Alexander Cockburn）引述美國調查記者喬治・塞爾茲（George Seldes）的報導：「雖然大型特快車通常都很準時（儘管有些乘客甚至質疑這一點），但區間車誤點得非常嚴重。」

寇克本指出，純粹是因為「墨索里尼的公關極力造神，後世無數來自世界各地的乘客才會不斷歌頌墨索里尼」。麥斯密也同意，墨索里尼的「宣傳手法大獲成功」。涅維爾也認為，改良鐵路運輸效率的傳聞是個很好的例子，說明了墨索里尼常「靠媒體誇大他的豐功偉業」。不僅如此，寇克本更提到，「墨索里尼也很謹慎，嚴禁任何關於鐵路事故或列車誤點的報導」。說到義大利鐵路的優化，墨索里尼唯一的成就，似乎就是騙到了西班牙的公主而已。

# 29 — 邱吉爾在女廁出生？

美國社交名媛珍妮・傑羅姆（Jennie Jerome）和蘭道夫・邱吉爾勳爵（Lord Randolph Churchill）當年閃電結婚後，生下英國首相邱吉爾。羅伊・詹金斯（Roy Jenkins）在《邱吉爾傳》中解釋，勳爵夫妻倆於「一八七三年八月十二日，在考斯帆船賽的派對上初次見面，三天後就訂婚了」。翌年四月十五日，他們在英國駐巴黎大使館成婚，七個半月後，小寶寶邱吉爾就在同年十一月三十日誕生。雖然邱吉爾可能是提前六週出生的早產兒，不過外界憑生日猜測兩人是先有後婚，也是意料之中的事。

伊莉莎白・齊歐（Elisabeth Kehoe）在《美國貴族》一書中引述蘭道夫勳爵寫給岳母克萊拉（Clara，根據《牛津國家人物傳記詞典》記載，據說她具有伊洛魁族[16]血統）的信，提到珍妮沒有用氯仿[17]，還說希望嬰兒用品能儘速送到，否則他們只能向「來自伍德斯托克的律師的妻子」借。信中透露出微微的慌張，說明就連身為母親的珍妮，也對邱吉爾提早出生感到驚訝。

雖然有人說邱吉爾的出生有兩套互相牴觸的說法，但這兩套說法其實是同一套的兩個部份，只是每個人說的部份不同罷了。所有傳記作家都一致同意，邱吉爾在英國牛津郡的布倫海姆宮出生，也就是蘭道夫勳爵的祖傳住宅（勳爵夫妻為了迎接新生兒，一邊整頓倫敦的公寓，一邊暫住在那裡）。問題是：是在哪個房間？

關於這一點，最受歡迎的說法是：珍妮參加某一場舞會時在女廁早產了（如果生產過程真能如此迅速了結，珍妮想必高興都來不及了）。事實上，她這次分娩持續二十四小時左右，把她累得精疲力盡。

第二種說法，則是根據蘭道夫勳爵寫給岳母的信而來。根據詹金斯描述，蘭道夫勳爵在信中寫道，珍妮「星期二和槍手一起步行時摔倒了，星期六晚上駕駛輕便小馬車時又不夠謹慎，肚子就疼了起來。我們試著緩解疼痛，但沒什麼用」。詹金斯接著補充道，「雖然從陣痛發作到嬰兒出生，已經過了二十四小時，但無論是倫敦的產科醫師，還是牛津的助產人員，都來不及趕到現場。小寶寶在星期一大清早誕生，助產的只有伍德斯托克的鄉村醫生」。不過，這說法完全沒提到在女廁之類的場所，匆忙分娩的情況。

在《最後的雄獅》一書中，威廉・曼徹斯特（William Manchester）把這兩種說法結合起來。曼徹斯特解釋，一如勳爵所言，珍妮在星期二摔倒，星期六晚上又堅持要出席「宮中舉辦的年度聖安德魯舞會」（蘭道夫勳爵處事圓滑，八成是在給岳母的信中刻意寫上「駕馬車不夠謹慎」，避談「跑派對不夠謹慎」的事實）。根據曼徹斯特，珍妮「正在舞池中用趾尖旋轉時，肚子疼了起來」，隨即走向自己的房間，卻忽然「暈厥過去，接著被送到離布倫海姆大廳不遠的小房間」。而根據《牛津郡歷史》第十二卷的記載，這個「小房間」就是所謂的狄恩・瓊斯室（Dean Jones room），是個位於大廳西側的「小套房」，在那天晚上用來當作「女士衣帽間」，專門放置女客的「天鵝絨披風和羽毛長圍巾」。而衣帽間一詞原本是外著衣物的儲放室，如今也常用來委婉表示包含廁所的房間。由此可知，這麼一個小套房如何先變成女士衣帽間，再變成女洗手間。

事實的始末是這樣子的：星期一大清早，邱吉爾由在地醫生接生，地點在布倫海姆宮裝潢講究的獨立套房裡。每當被人問及他出生那天的情形，邱吉爾就會以那句名言回答：「雖然當時我在場，但我記不清楚在那之前發生的事啦！」

---

16 北美原住民其中一支部落。

17 具有麻醉作用的藥物。

## 30 — 納爾遜在特拉法加海戰中一心求死？

據說在一八〇五年，英法交戰的「特拉法加戰役」中，英國海軍指揮官霍雷肖‧納爾遜子爵（Viscount Horatio Nelson）下定決心要和他率領的軍艦「勝利號」同生共死。

開戰那天早晨，納爾遜身穿男禮服大衣現身，左胸口還繡著「瞄準這裡」的星章——看來他赴死的決心再明顯不過了。當船醫威廉‧畢提正要抗議時，納爾遜就命令他和所有不是駐守甲板的軍官，通通回到自己的艙房裡，接著，納爾遜就在甲板附近大搖大擺走動，積極招惹狙擊兵餵他一顆子彈。

在《海軍中將納爾遜子爵的公文與書信》一書中，旗艦艦長托馬斯‧哈迪（Thomas Hardy）寫道，納爾遜「穿著他離開朴茨茅斯後常穿的那件大衣。那是一

件純藍色大衣，繡有巴斯星章，依照當時風俗」。在同一本書中，畢提描述納爾遜「如常穿著海軍將領專用的男禮服大衣，左胸口佩有四種不同等級的星章——他日常的服裝上都有這種星章」。

根據推測，納爾遜如同傳聞描述的那樣，被法國狙擊兵射殺，因此把他想成是有意尋死，實在不難。

在《牛津國家人物傳記詞典》中，羅傑（A. M. Rodger）指出「沒有證據顯示，納爾遜有意尋死或因魯莽行事被射殺」。湯姆．波考克（Tom Pocock）在《霍雷肖．納爾遜》一書中補充道，納爾遜一定很希望自己能回家，因為他兩天前才在給女兒霍蕾夏的信中寫道：「我對妳祈求我平安的禱告很有信心……我會儘快回到默頓。」

波考克解釋，事實上所謂「瞄準這裡」的星章是「仿造金屬勳章的布製品，樣子不太起眼」。

終於成功破解了這個謎團！當時，爵士隨身佩戴勳章是很常見的，那四枚星章之所以繡在大衣上，主要是為了節省時間。納爾遜的金屬勳章不是別上去的，而是繡在外衣上，同時也做為一種裝飾。

# 31—拿破崙很矮？

關於十八世紀末，法國皇帝拿破崙身材矮小的傳言，有許多不同的看法。不少傳記寫道，拿破崙的身高只有五呎二吋（約一百五十七・四八公分）。一九一〇年，法國傳記作家克婁德・米奈佛（Claude Méneval）在《拿破崙傳記》中聲稱：「拿破崙是中等身材（大約五呎二吋），體格健壯。」

戴斯蒙・果格里（Desmond Gregory）在《將軍不凡》一書則引用亨利・賓柏禮的說法，他認為步入晚年的拿破崙「身高五呎六吋」。一八〇二年，英國觀察家約瑟夫・法靈頓（Joseph Farington）在《法靈頓日記：一九二三至一九二八》中記載，拿破崙「不足中等身材，我認為他絕不超過五呎六吋」，但法靈頓的同事卻認為拿破崙有五呎七吋。此外，《五十天：拿破崙在英格蘭》作者尚・杜亞梅（Jean Duhamel）則主張，拿破崙「大約五呎六吋……體格矮壯」。

為什麼法國人和英國人對拿破崙身高的看法如此不一致？拿破崙的私人祕書路易・德布禮恩（Louis de Bourrienne）編過一本書，答案的線索就藏在那本書的注釋裡——裡面詳細描述一份一七八四年的學校報告，上有拿破崙十五歲時的紀錄：「拿破崙，一七六九年八月十五日出生，身高四呎十吋十分」。那則注釋指出，這份數據採用的是法呎，而早在十九世紀初，法呎比英呎略長。

一八四七年，坎貝爾・莫菲特（Campbell Morfit）在《應用化學：肥皂與蠟燭製造》中說道，一法呎等於

一．〇六六英呎；一法吋等於一．〇六六英吋；一法分（法吋的分割單位）等於〇．〇八八八英分。根據這套度量標準，成年的拿破崙身高在英制標準下是五呎三吋（約一百六十公分），比一些人的說法高了一英吋（約二．五四公分）。

一八二一年拿破崙逝世後，根據官方記錄，他的身高在法制單位下是五呎二吋，換算成英制單位後就是五呎六吋（約一百六十七公分）。在當時，法國男性平均身高為五呎五吋（約一百六十五公分），英國人則稍微高一些，相形之下，這位法國皇帝就比常人高一點。

拿破崙長得不算特別高，也不算特別矮，一如米奈佛所言，他是「中等身材」；除非已故的拿破崙是在英國統治下身亡，並以英制單位測量遺體長度……。

# 32—希特勒年輕時是畫家？

希特勒（Adolf Hitler）在自傳《我的奮鬥》中，寫下了一個真誠的願望：「我要當個畫家——我指的是藝術家。」或許是怕讀者以為他想去粉刷天花板，他還補充說明自己的意思[18]。希特勒說：「大家都認為我有繪畫的天份。」雖然希特勒沒說是誰這麼認為，但肯定不是他那對藝術沒那麼熱衷的父親。他的父親知道這件事後大吼：「藝術家？只要我活著的一天就不可能，想都別想！」

但希特勒沒有因此而氣餒，他深信自己在繪畫課上是「目前為止最優秀的學生」，而且「一定會成功」，於是決定報考維也納藝術學院。年輕的希特勒成為藝術家的計畫屢屢受到重挫，接連兩次入學考都不及格，後來他在書中透露曾拜訪學院院長，當面問他作出如此嚴苛決定的原因。在書中，院長跟希特勒說：「你帶來的素描，一清二楚顯示你不適合畫畫。」

雖然如此，在這段期間，希特勒還是靠著賣手繪明信片勉強維持生計。部份歷史資料顯示，他可能也曾靠藝術長才，和一家漆作塗裝公司簽約，謀得在維也納藝術史博物館的臨時工作。後來希特勒改變職涯路線，成了一個自大的獨裁者，聲稱自己做過各種低賤的工作——包括剷雪工人、行李腳伕和毯子清潔工——來塑造親民的草根形象，但他似乎從未承認當過畫家和漆作師傅。

儘管如此，一九三九年十月四日，法國週刊《瑪麗安》（Marianne）在頭版登出丹麥攝影師雅各．克里戈（Jacob Kjeldgaard）的作品後，謠言因而開始扎根。那是一幅照片蒙太奇，希特勒的照片被疊加在另一張商店照上，看起來就像希特勒在粉刷店面。圖片附錄文字寫道：「如果人人都乖乖各司其職，這個世界就一如往常般和平。」

---

18 「painter」同時有「畫家」與「油漆工」兩種意思。

第六章

# 女性

## 33 —— 戈黛娃夫人全裸騎馬繞行？

戈黛娃夫人（Lady Godiva）是麥西亞伯爵利歐弗里克的妻子，生於十一世紀盎格魯撒克遜時期的麥西亞王國（即英格蘭中部）。戈黛娃（Godgifu，比 Godiva 精確的寫法）在古英語的意思是「神的禮物」。

在十九世紀末約翰·柯里爾（John Collier）的畫作中，她的確配得上這個名字——畫中的戈黛娃夫人跨騎在馬上，那頭名聞遐邇的秀髮……什麼也沒遮住。

甘堡斯在《破蛹成蝶》中解釋道，「多數中世紀編年史家偶然聽到一些『消息』後，都會熱衷地將『聳動』的內容一五一十記錄下來」。然而，丹尼爾·唐納修（Daniel Donoghue）在《戈黛娃夫人》一書中援引豐富的資料，認為戈黛娃夫人逝世（一〇八〇年）一個多世紀後，「在所有現存的文字記錄中，無論是傳說中的騎馬繞街，或是裸體、馬匹、賦稅等等常見的聯想，都完全找不到任何一點最隱晦的暗示」。《企鵝女性人物傳記詞典》也主張，「戈黛娃夫人騎馬繞街的傳聞毫無事實根據，也沒有同時代的證據顯示她去過考文垂市」。

根據《華瑞克郡歷史》第八冊記載，據說十三世紀編年史家羅杰（Roger of Wendover）是這個傳聞的始作俑者。一二三五年，羅杰寫了一本《歷史之花》，標題取得相當吸引人，此書描述了利歐弗里克和虔誠的妻子戈黛娃的善行，還提到利歐弗里克逝世於一〇五七年。不過戈黛娃夫人在馬背上繞街的故事傳開後，世人似乎就把利歐弗里克給忘了。

根據羅杰描述，「戈黛娃伯爵夫人一心想解救飽受苛稅之苦的考文垂市民」，但「以前」很善良的利歐弗里克伯爵（在該書前一段已經死了）一點也不想。因此戈黛娃「發揮女性特有的堅持，不斷拿這件事去煩丈夫」。最後伯爵給她出了一道難題，說只要她騎上馬背並且「在所有人面前裸身騎馬穿越市場……回來後就能得到妳要的」。

他以為這件事就此搞定了，沒想到「蒙神寵愛的伯爵夫人，放下她那頭長髮，讓長髮罩紗般覆蓋全身，然後爬上馬背，在兩名武士護送下騎馬穿過市集。不過眾人除了她秀美的雙腿，什麼也看不到」。事後，伯爵實現諾言，「免除了考文垂市及市民的稅賦」。甘堡斯認為這個故事可能是以一二一六年至一二三五年間，考文垂小修道院院長覺福瑞（Geoffrey）撰寫的編年史為藍本，但那部編年史如今已經佚失了。

十四世紀，英國編年史家兼修道士雷諾夫．希格登（Ranulf Higden）在其作《史綜》中寫道，利歐弗里克在妻子的要求下，「免除了轄區考文垂市的一切苛捐雜稅，但保留了馬稅」。而戈黛娃夫人為了全體市民的福祉「裸身騎馬，在某個早晨穿過市鎮，全身僅以自己的頭髮覆蓋」。

十六世紀編年史家理查．葛拉夫敦（Richard Grafton）在《葛拉夫敦編年史》中補充，「人人都應該閉門不出」。《華瑞克郡歷史》另外提到一首十七世紀的謠曲，曲詞寫道有人「放下窗戶」，導致戈黛娃的馬匹嘶嘶叫了幾聲。在這個版本的故事

中，利歐弗里克免除了所有稅賦，但是不包括馬稅。

甘堡斯指出，如果前述稅收是哈德克努特國王（King Harthacnut）的「軍隊維持費」，那麼利歐弗里克根本無權廢止。另一方面，如果那是地方稅，那麼「考文垂就是戈黛娃自己的地產」，而且「她一個人就有權對該市徵稅，沒理由像編年史描寫的那樣去懇求丈夫」。《大英百科全書》更進一步闡明，「愛德華一世在位期間的調查顯示，當時該市除了馬稅外，沒有任何稅賦」。之所以出現這麼一個故事，也許是為了要解釋考文垂市那莫名其妙的馬稅吧。

總而言之，《華瑞克郡歷史》主張：「這個故事的起源和種種的軼聞，都是基於異教的神話和儀式。因為歷史上的戈黛娃伯爵夫人，實際上從未裸身騎馬上街過。」

## 34—俄國女大公安娜絲塔西婭，逃過布爾什維克大屠殺？

安娜絲塔西婭（Anastasia）是俄羅斯末代沙皇尼古拉二世的么女。一九一八年十月革命後，布爾什維克黨人把沙皇及其家人，關在位於葉卡捷琳堡（Yekaterinburg）的地窖，隨後在地窖裡處決他們。

事發當時，布爾什維克黨衛兵帕維爾・梅維德夫（Pavel Medvedev）也在場，他的證詞就收錄在馬克・費侯（Marc Ferro）的《尼古拉二世》一書中。梅維德夫寫道：「司令尤洛夫斯基（Yurovsky）在半夜叫醒沙皇一家人，下令要我『上街去看附近有沒有人，然後仔細聽，看聽不聽得到槍聲』。於是我往外走進院子裡，還沒走到街上就聽見槍響。我馬上折回去（中間只過了兩三分鐘），就看見沙皇一家個個倒在地上，身上有好多傷口。」

沙皇一家遭處決後，一堆人自稱是安娜絲塔西婭，出面申請繼承羅曼諾夫家族的財產。其中一個最值得注意的可能人選，就是安娜．安德森（Anna Anderson）——許多人都相信她的故事。

大約在安德森現身的同一時期，有個名叫弗朗姬斯卡．尚絲考斯卡（Franzisca Schanzkowska）的工廠女工也失蹤了，所以開始有人懷疑她們倆根本是同一人。一九三八年，國家開始舉行安德森的聽證會（持續三十年之久），但最後卻無法做出決定性的判決。

一九八四年，ＤＮＡ指紋鑑定技術問世後，終於可能可以從基因上，驗證安德森的真偽。但奇怪的是，她拒絕接受任何檢驗，並隨後於同年逝世，臨終前還要求自己的遺體要火化——原本這似乎就此成了永遠無解的謎，不過後來有人發現，安德森去世前動過手術，醫院還保留著可用的組織樣本。

一九九〇年代，研究人員從那些樣本中取得ＤＮＡ，並分別和菲利普親王

（菲利普的母系親族是沙皇的遠親）的DNA，以及羅曼諾夫一族遺骨的DNA比對。結果DNA專家彼德．吉爾博士（Dr Peter Gill）斷定，安德森的樣本「與女大公安娜絲塔西婭的DNA圖譜不符」。不僅如此，尚絲考斯卡的甥孫也提供樣本和安德森的樣本作DNA比對，最後，吉爾博士宣布檢驗結果呈現「陽性相符」。

雖然大多數專家同意安娜絲塔西婭和家人一起葬身地窖，但還是有部份人士堅信她逃過一劫。由此可見，一旦攸關遇害公主的遺產，謊言的力量是多麼強大！

## 35 寶嘉康蒂救了探險家約翰．史密斯？

就和後來的芙洛拉．麥唐納與小王子查理一樣，寶嘉康蒂（Pocahontas）和約翰．史密斯（John Smith）的故事是前所未有的偉大愛情故事。

《簡明牛津美國文學指南》指出，波瓦坦酋長的愛女寶嘉康蒂，其實名叫瑪托阿卡（Matoaka），意思是「小雪花羽毛」；而寶嘉康蒂只是她的小名，意思是「小淘氣」。

一六〇七年，英國探險家史密斯抵達新世界，據說他曾形容美洲原住民很「熱心助人」。《維吉尼亞重大事件實錄》一書於一六〇八年出版，書中提到寶嘉康蒂是「一個十歲小孩……比其他族人出色得多」。兩年後，早期拓殖者威廉．史崔奇（William Strachey）抵達維吉尼亞，在《不列顛屬維吉尼亞旅行記》中記載，寶嘉康蒂是「眉清目秀的小姑娘，但常常調皮搗蛋……當時大約十一、二歲」，還說她「裸著身體在要塞到處翻跟斗」。班傑明・撒奇爾（Benjamin Thatcher）在一八三二年《印第安傳》（卷一）中，收錄了史密斯於一六一七年寫給安妮王后的信，史密斯在信中說道，寶嘉康蒂「慈悲為懷，令我對她肅然起敬」。

史密斯在後來的著作如《維吉尼亞、新英格蘭與薩默群島通史》，以及《史密斯船長在歐亞非美真實的遊歷、冒險與觀察》中，都寫到印第安人「把他拖了過去，把他的頭擱在石頭上，準備用棍棒打得他腦漿迸裂」，最後是「首領最疼愛的女兒寶嘉康蒂」及時救了他，「她在怎麼求情都沒用的情況下，把他的頭攬在臂彎裡，並用自己的頭護著他的頭，想要救他一命」。雖然《企鵝女性人物傳記詞典》指出，「研究顯示史密斯的故事大致上沒錯」，卻也指出史密斯不懂阿岡昆語（Algonquian），所以也可能是他完全誤解了情勢，「或許，波瓦坦酋長只是照例強迫史密斯擺出屈服的姿態，好向其他族人證明，新來的人已經向他俯首稱臣。」

約翰・艾弗瑞特希斯（John Everett-Heath）在《簡明世界地名詞典》指出，史密斯的敘述「很可能是虛構的」，而《北美印第安族百科全書》認為，史密斯活著對酋長來說還比較有價值，而且「幾乎可以確定的是，他從來沒有陷入生死關頭」。當時酋長很可能「正要把史密斯收養為『義子』」，而寶嘉康蒂僅僅是「以中間人的身分扮演關鍵角色，負責來回傳遞食物、禮物，以及重要的訊息」。至於史密斯和寶嘉康蒂的關係，根據《牛津美國史指南》，「他們之間有風流韻事一說毫無根據」。

一六一四年，寶嘉康蒂改宗基督教，並改名為蕾貝卡，嫁給英國拓殖者約翰・羅爾夫（John Rolfe），但這稱不上是愛情的結合，因為結婚主要是為了強化盎格魯人與印第安人的關係。兩年後，國王詹姆士一世和安妮王后在倫敦接見寶嘉康蒂（蕾貝卡），根據《企鵝女性人物傳記詞典》，當時「她住在聖保羅大教堂附近的小客棧。後來那間客棧為了向她致敬，更名為『曠野佳人』」。

寶嘉康蒂英年早逝，一六一七年三月二十一日，年僅二十二歲的她原本即將返回維吉尼亞，卻在格雷夫森德（Gravesend）附近病逝。根據《企鵝女性人物傳記詞典》，「她被安葬在當地的聖喬治教堂，但沒有人知道墳墓的確切位置」。不過，教堂裡的聖壇仍展示著她的紀念碑。

也許用史密斯寫給安妮王后的悼念信，來回憶寶嘉康蒂比較好──他在信中如此形容這位年輕姑娘：「她是上帝派來的……她將保護殖民地免受死亡、饑荒和混亂威脅。」

## 36 交際花瑪塔・哈麗是一戰的間諜？

第一次世界大戰期間，法國行刑隊以間諜罪槍決瑪塔・哈麗（Mata Hari），但這個史上最惡名昭彰的女間諜，從未發現過有用的情報，還可能只是個上流社會的交際花。

瑪赫蕾莎・澤勒（Margaretha Geertruida Zelle）出生於荷蘭，後來從事教職，但不太順遂，結過一次婚，但也以離婚收場。一九〇五年，瑪赫蕾莎以瑪塔・哈麗（意思是「黎明之眼」）為藝名，開始在巴黎從事富有異國風情的舞蹈表演。因為她身材高挑、風采迷人，加上對東印度舞蹈略知一二，又願意在公開場合以幾乎全裸的裝扮亮相，因此一炮而紅。

她的舞蹈事業開始走下坡後，只能靠著為歐洲軍官、政客提供性服務來謀生。

泰利・克洛迪（Terry Crowdy）在《內奸》一書中指出，「即使她持續受到監視，法國人還是找不到她為非作歹的證據」。

根據莫頓・菲曼（Morton S. Freeman）的《新名祖詞典》，一九一七年，「檢察官在審判庭上聲稱，她從事的間諜活動至少害死五萬名法國人」，但卻找不到任何證據，證實這個斬釘截鐵的說法。最後，儘管瑪塔・哈麗具有中立國公民身份[19]，仍然以間諜罪被判死刑。

《菲氏世界百科全書》指出，「雖然她的行為很可疑，但如今大概誰也不會相信，她曾是法國當局指控的那種祕密特務」。一九九九年，軍情五處[20]的瑪塔·哈麗檔案曝光，根據內文記載，沒有證據顯示她曾走漏任何重要的軍事情報。

19 當時荷蘭為中立國。
20 英國情報機關。

# 37——南丁格爾曾在克里米亞照護受傷士兵？

一八五五年，南丁格爾（Florence Nightingale）想要在達克里米亞戰場，興建戰地醫院，不過她抵達時，不幸罹患了克里米亞熱。她大部份的醫療工作，其實是在鄰近的君士坦丁堡（即伊斯坦堡）司庫臺，距離戰場前線約三百二十二公里遠。

一八六三年，南丁格爾出版了《醫院筆記》一書，並在序言中寫道，「聲明醫院的首要原則是『不傷害病人』，看起來或許很奇怪」，但因採用這個重要措施後，她成功改善了醫院的衛生條件，並將院內死亡率從四二%降低至僅僅二%。南丁格爾藉由組織、管理，達成了這項壯舉——但事實上，她執行的護理實務並不多。

一八四五年，家境富裕的南丁格爾年紀尚輕，一心想當個護士。她想到索爾茲伯里（Salisbury）的地區醫院照料病患，但父母不同意只好作罷。一八九六年，她寫信給查爾斯．朗黛兒夫人（Mrs Charles Roundell），說自己如何四處打聽、如何想找出官方認證的護理培訓的資訊，並抱怨「英格蘭什麼訓練也沒有」。後來，她到德國凱澤許維特（Kaiserswerth）的新教女執事學校受訓，三個月——人們常說她在那裡獲得完整的護理訓練。不過南丁格爾在信中寫道，她「接受了一切該有的訓練」，雖然管理菜園的「修女能力很好」，但那裡「沒什麼護理訓練，環境衛生很差」。

南丁格爾後來抵達巴黎。路西歐．喬（Lucille A. Joel）在《專業護理學》中寫道，「雖然她可以督查醫院，但還是無法在巴黎的慈惠姐妹會求學」。喬解釋，一八五三年，南丁格爾在「一家專門照護家庭女教師的慈善醫院（大概比較像護理之家，由貴族婦女經營）」，以『慈善醫院總管』的身份獲得一份不支薪工作」。《牛津英國史指南》指出，「她真正的長才是管理，在這方面她能運籌帷幄，貫徹自己的意志」。

後來，南丁格爾開始「努力成為醫院管理的專家」，而就在此時，老朋友作戰部長席尼・赫伯特（Sidney Herbert）建議她帶一批護士，一起前往克里米亞，因為當地特別需要她運用「管理的本領」，來改善醫療條件。

南丁格爾的管理技術，在司庫臺發揮奇蹟般的作用。一八五五年，根據《泰晤士報》特派記者約翰・麥當諾（John C. MacDonald）報導，「夜裡，當所有醫官上床睡覺，寂靜與黑暗籠罩長廊裡虛弱無力的臥床病患時，就可以看見她手裡提著一盞小小的燈，獨自察看每一個病患」。詩人朗費羅在一八五七年詩作〈提燈的女士〉（Santa Filomena）中，更將南丁格爾推向不朽的境界。不過，詩裡沒描述任何護理動作，只說她在院中四處巡視而已。

看！在那悲慘的夜裡，
一位女士把燈提，
她在微光閃爍的黑暗中穿梭，
她在不同的病房間輕快遊走。

談到克里米亞戰場上的護士，牙買加籍瑪麗・希寇（Mary Seacole）的故事其實才更貼切。希寇在自傳《希寇夫人的奇妙冒險》中寫道，她駕船前往英格蘭，找到南丁格爾領導的護理先鋒部隊後，便「自告奮勇應徵……要成為生力軍」。可惜的是，她未能和南丁格爾會面，因為一個負責招募的護士告訴她，她不能擔任克里米亞戰場的幫手，因此希寇只好詢問另一個招募官，但「看她那副臉色……如果當時真的有缺額，大概也不會選我去遞補吧」。希寇對對方一眼就認定她不適合感到困惑，不禁懷疑：「難道是因為我的血液，流淌在比這些女士更黝黑的皮膚底下，所以她們不願意讓我幫忙？」

不過希寇依然鬥志高昂，自己籌錢搭船去克里米亞。一八五六年，《泰晤士報》特派記者威廉・拉瑟（William Russell）出版《戰爭》一書，在書中也描述了這段經過：在距離戰場前線約八公里的地方，「希寇夫人在巴拉克拉瓦山坳和卡迪科伊之間的地帶……搭起了夜宿的帳篷。她在這裡醫治各種傷患的方式出奇見效」。希寇也透露自己經常「面臨砲火威脅」。同年，一位副官長替她寫了一封推薦信：「這位傑出的女子勞心勞力，竭盡所能照料傷患（甚至甘冒虎口），以及協助生病的士兵。」希寇在自傳中也引用了這段話。

雖然南丁格爾無疑是能幹的醫院管理者，但希寇才是在第一線苦幹實幹的那個人，也更貼近我們心目中一直以來的（誤以為是南丁格爾的）護士形象。

## 38——西夏公主用小刀閹割成吉思汗？

成吉思汗是世上數一數二的征服者，他統一了中亞游牧部落後建立蒙古，接著還將自己遍及亞洲的勢力，進一步拓展至歐洲，後來在十三世紀建立了幅員遼闊的蒙古帝國。一二二七年，成吉思汗在一場攻打西夏的戰役中身亡。托瑪斯・克勞威爾（Thomas J. Craughwell）在《歷史第二大帝國興衰》中寫道：「成吉思汗臨終前的幾小時，在現存文獻中沒有任何記錄，而關於他的死亡日期，也沒留下任何口述歷史。」

也許是因為當權者一開始密不發喪，成吉思汗的死因才謠言四起。根據《成吉思汗》一書作者傑克・魏澤福（Jack Weatherford）記載，前往蒙古的歐洲使節普拉諾・迪加賓尼（Plano di Carpini）寫道，成吉思汗死得很突然，因為遭雷擊而斃命。後來的馬可・孛羅（Marco Polo）則認為，成吉思汗是因為膝蓋受了箭傷才不治而死。另外，有人主張是不知名的敵人毒死了他，也有人認為是西夏國王下咒害死了他。

不過，其中最牽強、最深植人心的故事，就是魏澤福的說法：「西夏王后遭俘後，被人在陰道裝了一個古怪的裝置，趁著成吉思汗和她性交時，扯斷他的性器官，導致他極度痛苦而死。」牟復禮（Frederick W. Mote）在《帝制中國：九〇〇至一八〇〇》一書中記載，據說，犯下這項罪行的人是某個遭俘的西夏王妃，「她在自己的陰道放了幾片銳利的玻璃，或是一只鋼刀片」。

保羅・卡恩（Paul Kahn）改編中國第一手資料，出版《蒙古秘史》一書，書中記載著一二二五年夏天發生的一件事：當時成吉思汗六十多歲，正在阿布卡一帶狩獵野馬，「士兵把野馬從草叢中趕出來，成吉思汗的馬受到驚嚇後狂奔，把他甩落在地。」沒多久，成吉思汗就開始發燒，一天比一天虛弱，可能就是那次墜馬後，成吉思汗受到無法從外觀診斷出的內傷。

一般認為，有人想要誹謗成吉思汗，所以才捏造出西夏公主閹了他的駭人故事。牟復禮猜測，成吉思汗可能是「罹患某種夏季熱而死」，而魏澤福推測成吉思汗「在營帳的床鋪上離開人世，親愛的家人都圍繞在他身邊」。

第七章

# 探險家

# 39 — 埃及法老的詛咒是真的？

一九二三年，埃及古物學家第五代卡納文伯爵（Earl of Carnarvon）和考古學家霍華・卡特（Howard Carter），在埃及挖掘出圖坦卡門陵墓。數月後，卡納文伯爵就離奇身亡，引起世人議論紛紛，說他是「法老的詛咒」下的犧牲者——據說這「法老的詛咒」就寫在陵墓的牆上。

雖然我們往往以為詛咒會馬上起作用，但卡納文伯爵喪命的經過，出乎意料的曲折。當時伯爵五十七歲，身體本來就虛弱，醫生因此建議他去埃及休養。抵達埃及後，伯爵的臉被一隻蚊子叮到，後來他剃鬍子時，又不小割傷了蚊子叮出來的腫包。這個傷口先是變成丹毒（一種細菌感染皮膚炎），接著引發敗血症，然後又導致肺炎，最後伯爵於一九二三年四月五日身亡。

《霍華・卡特》一書作者・詹姆斯（T. G. H. James）曾任大英博物館埃及古文物負責人，他認為，「卡納文勳爵之死如同一樁悲劇，後來慢慢演變成害人的詛咒。」至於其他涉及掘墓的人何時身亡？詹姆斯一一寫道：亞倫・加德納（Alan Gardiner）死於八十四歲、詹姆士・亨利・伯烈斯特（James Henry Breasted）死於七十歲、伊芙琳・赫伯特（Evelyn Herbert）死於七十九歲、哈利・柏頓（Harry Burton）死於六十一歲、歐福瑞・盧卡斯（Alfred Lucas）死於七十八歲。而其中最主要的考古學家卡特，在掘出陵墓後還繼續活了十六年，直到六十六歲才安詳離世。

二〇〇二年，馬克．尼爾森（Mark R. Nelson）在《英國醫學期刊》上發表了一篇名為〈木乃伊的詛咒：歷史性世代研究〉的論文，在該研究中，尼爾森為了檢驗「個體接觸『木乃伊詛咒』後的存活率」，追蹤了四十四名歐美裔人士（經卡特確認，他們當天都在埃及掘墓現場）後來的命運；其中有二十五人可能曾接觸到「詛咒」。結果尼爾森發現，「他們的平均死亡年齡為七十歲」，於是他作出這個結論：「沒有證據支持木乃伊詛咒的存在」。

至於詛咒本身究竟存不存在？在記者兼埃及學家亞瑟．魏高（Arthur

Weigall，當時也在掘墓現場）的傳記中，他的曾孫女茱麗・翰齊（Julie Hankey）透露：「魏高和其他所有埃及學家一樣，都否認圖坦卡門陵墓的牆上寫了咒語。」她解釋當他們打開陵墓時，卡納文伯爵對裡頭一堆椅子嘲弄了幾句，說那是「在墳墓裡開音樂會」。魏高一聽便說：「如果他進了陵墓還是這種態度，我包準他活不過六星期。」可見卡納文伯爵輕浮的態度，在道德上大概已經惹惱了魏高。翰齊認為她祖父說這話，「似乎是下意識的無心之談，沒想到一語成讖」。雖然圖坦卡門詛咒的謠言廣為流傳，魏高卻不怎麼在意，甚至有人引述他的話說：「等著看大眾樂得聽信這鬼話吧。」詹姆斯也持完全一致意見，他認為，「這詛咒的起源或許是魏高的一句玩笑」。

最後還是來談談卡特吧，詹姆斯引述卡特的一番話，他說自己「完全反對這種迷信在情緒化又熱衷通靈的人群之間流傳……就目前仍然在世的人而言，埃及宗教儀式中，從沒有這種詛咒」。

既然現在豁然開朗了，那麼，有誰想報名圖坦卡門墓穴裡的音樂會呀？

## 40 — 沃爾特・雷利爵士從新世界帶回菸草？

十六世紀探險家沃爾特・雷利爵士（Sir Walter Raleigh）出生前幾年，菸草似乎就已經在歐洲四處流傳了。艾倫・克斯柏（Alan W. Cuthbert）在《牛津人體指南》中指出，早在一四九二年，新世界探險家哥倫布就拿到幾片「乾燥芬芳的葉子，卻因不識貨而把它們丟了」。克斯柏認為羅狄里哥・德黑雷斯（Rodrigo de Jerez）才是「歐洲第一個吸菸者。他在一四九〇年代從古巴人那兒學到抽菸技巧，並帶著抽菸的習慣回到西班牙」。但西班牙宗教裁判官，對這種新把戲強烈懷疑，判黑雷斯「坐牢七年」。不過等到黑雷斯獲釋時，路上人人都已在抽菸了。

根據作家費爾南・布勞岱爾（FernandBraudel）記載，一五六一年，前往葡萄牙的法國大使尚・尼古（Jean Nicot），把磨成粉的菸草寄給法國王后凱薩琳・德麥迪奇（Catherine de Medici），「當作一種偏頭痛療法」。周登・古曼（Jordan Goodman）在《歷史上的菸草》一書中指出，為了向尼古致敬，這種植物就取名為

「尼古丁」。

菸草的確起源於新世界，主要產地就是後人所知的維吉尼亞。然而，《牛津國家人物傳記詞典》指出，「雷利從未去過維吉尼亞」。雖然他曾到新世界探險，但他畢竟深得英國女王伊麗莎白一世歡心，這意味著女王「不會允許雷利親身冒著這麼大的危險，踏上旅程」。一五七三年，航海冒險家約翰・霍金斯爵士（Sir John Hawkins）和法蘭西斯・德雷克爵士（Sir Francis Drake）（注意：女王「允許」他們去新世界）把菸草帶回英格蘭。

克斯柏寫道，德雷克於「一五八五年，帶著雷利爵士認識菸草」。根據《牛津國家人物傳記詞典》記載，那時雷利才開始「相信菸草是治療咳嗽的好方法」。此外，約翰・奧布里（John Aubrey）說，雷利躲在「羅柏・彭茲爵士在阿克頓的庭園的小屋裡……抽著一管菸草，女士們在他抽菸時皆紛紛停止咳嗽」。

關於雷利帶回菸草的錯誤觀念，似乎要歸咎於學者亨利・布茨（Henry Buttes）。在一五九九年出版的《趣味食譜》中，布茨寫道：「雷利爵士到遙遠的地方去，以高價買了菸草回來。」繼承王位的詹姆士一世沒伊麗莎白女王那麼喜歡雷利，他對抽菸又深惡痛絕，因為菸草是新世界征服者帶回來的，所以他把一切怪到雷利頭上。一六〇四年，詹姆士一世在一篇題為〈抵制菸草〉的文章中不滿地宣稱：「在我看來，這簡直是奇蹟，一個大家都討厭的始作俑者（雷利），從那種汙穢地方帶回來的風俗，竟然在幾乎沒有許可的情況下就被接納。」因此，奧布里寫道：「雷利爵士率先把菸草帶回英格蘭，使得菸草蔚為流行。」

奧布里說對了第二件事，卻說錯了第一樁，導致「雷利把菸草帶回英格蘭」的錯誤觀念留傳至今。

## 41—探險家李文斯敦醫生在剛果迷路？

在大眾的理解中，蘇格蘭傳教士大衛・李文斯敦醫生（Dr. David Livingstone）雖是探險家，卻是出了名的窩囊——許多人認為，他在非洲黑暗大陸迷路好幾年。

一八四一年，李文斯敦以傳教士身分去過非洲後，就決心繼續探索非洲大陸。一八五三年，他在寫給傳教士同仁羅勃・莫賚（Robert Moffat）的信中宣告：「我一定要開出一條通往內陸的新路線，命喪黃泉也在所不惜。」於是李文斯敦遠征尚比西河，途中先是發現了一座瀑布，並以女王的名字命為「維多利亞瀑布」，接著還成了民族英雄兼暢銷書作家。一八八六年，他為了找出尼羅河的起源而展開最後一次遠征，但在此後兩年，這位受歡迎的探險家音訊全無。

《紐約先鋒報》編輯傑姆士・高登・班奈特（James Gordon Bennett），即十九世紀末時人喜歡用來表達『太荒唐了』[21]的那個名字）靈機一動，決定派一個特派記者，去把李文斯敦給找出來。而被指派這項任務的，就是在威爾斯出生的美國人亨利．史坦利（Henry Stanley），他出身於威爾斯聖阿薩夫濟貧院，並在其《我如何在非洲找到李文斯敦？》一書中回憶，班奈特告訴他：「為了徹底查出他的下落，不論需要多少錢都可以」。後來，南丁格爾如此形容這本書：「在我這輩子讀過的書中，這是用最好的題材寫成的最糟糕的書」。根據史坦利，他去非洲兩年後，大約於一八七一年十月二十三日（確切日期已不可考），在坦干依喀湖湖岸的烏濟濟鎮上，找到了李文斯敦。

史坦利寫道：「我慢慢接近他時，注意到他一臉蒼白，看起來疲憊不堪。」他摘下帽子（顯然地）說：「李文斯敦醫生，對吧？」阿倫．蓋洛普在《史坦利先生，對吧？》一書中指出，這次會面後，這句名言很快就出現在《紐約先鋒報》的新聞報導上，不過他也認為，有些歷史學者對史坦利是否真這麼說過存疑，因為在史坦利的日記中，記錄當天的頁面不見了，而李文斯敦自己回憶這次會面時，也沒提到這段對話。

史坦利接著描述，李文斯敦說，「『我是』……然後輕輕脫下帽子，親切而熱誠地微微一笑」。史坦利接著說：「醫生哪，謝天謝地，能找到你真是太好了！」李文斯敦答道：「我很欣慰能在這裡迎接你。」史坦利證實，李文斯敦「沒有迷路，只是正在進行一場周詳的遠征」，接著「對話開始啦……我們說了什麼呢？只能說我忘光啦……」（我開始懂南丁格爾覺得這本書糟在哪裡了）。

在《牛津國家人物傳記詞典》中，羅博（D. Robert）撰寫的條目指出，這兩個男人「一起旅行到坦干依喀湖北端，證明那裡沒有湖成河道」，還說「一八七二年三月十四日，他們在塔伯拉的通商道路上，分道揚鑣」。雖然史坦利說李文斯敦回家了，羅博卻認為這位探險家仍「繼續探索非洲大陸」。遺憾的是，史坦利回到英國，宣布自己找到李文斯敦的好消息後，反而招來世人嘲弄。另一方面，李文斯敦從沒成功回到英國，一八七四年，他在今天的尚比亞一帶命喪黃泉了。

但史坦利沒因此氣餒，依然繼續在尋找失蹤的探險家。《深入非洲》一書作者馬丁．杜格（Martin Dugard）寫道，後來班奈特「派他代表《紐約先鋒報》展開第二次非洲遠征」，這一次要找的人是山繆・懷特・貝克爵士（Sir Samuel White Baker）。不過事實上「貝克並未失蹤，當然也不需要他人來救」。一八八七年，史坦利第三次踏上非洲，展開搜救的旅程，試圖救出困在蘇丹的埃敏・帕夏（Emin Pasha）。

《簡明牛津美國文學指南》指出，雖然史坦利是美國公民，但「他恢復了英國公民身份，並於一八九九年獲封爵士」——大概是為了表彰他尋回失蹤探險家的辛勞吧。

21 「太荒唐了」（gorblimey）是表達驚訝或惱怒的歎詞，讀音近似「高登・班奈特」（Gordon Bennett）。

## 42　庫克船長被夏威夷食人族吃掉了？

一七七六年，著名的英國海軍探險家詹姆斯．庫克船長（Captain James Cook）和旗下水手駕著「決心號」啟程，尋找傳說中橫跨加拿大西北航道的西部入口。冬天來臨後，他們在夏威夷群島做短暫停留，並和島上原住民結為朋友，還被他們當成神一般崇拜。就寒假而言，碰上這樣的事，還算不賴吧。

一七七九年，庫克繼續未完的探險之旅，後來卻不得不折回夏威夷修船。在他第二次滯留島上期間，夏威夷人偷了他們一艘帆船，後來庫克試圖要回帆船時，雙方就開打了。歷史學教授安．索蒙（Anne Salmond）在《審判食人犬》一書中解釋，在停火的那段期間，「有人用棍棒毒打他的後腦勺，另一人用船長送他們的鐵匕首刺穿他的脖子」。

俗話說：「人人都想咬我一口。」[22]在字面意義上，這句俗諺恰恰印證了庫克船長的遭遇。加納納・奧貝塞克拉（Gananath Obeyeskere）在《庫克船長的神化》中引述船醫的助手大威・山姆沃（David Samwell）的一番話——他們在小木屋拍賣庫克船長的衣服。其他船員想要回船長的屍體，但根據索蒙，夏威夷祭司喀里伊凱（Keli’ikea）坦承，就像船長的大部分遺物，「庫克的屍體被肢解，之後被地位高的酋長們瓜分了」。

喀里伊凱還補充，「他的頭給了卡美哈梅哈大帝（Kamehameha）[23]，小腿、大腿、手臂和下巴給了卡拉尼歐普酋長。因為他違背大酋長的神聖力量，所以身體其餘部分都被燒掉了，以表懲罰。」船員擔心原住民做了更邪惡的事情，便問他們是不是已經把庫克的屍體吃掉了。索蒙寫道，喀里伊凱一聽嚇呆了，再次向眾船員保證，「他的同胞不是食人族」。《牛津國家人物傳記詞典》也同意，庫克的屍體「根據習俗被切開，把肉從骨頭上刮下來後，再遵循儀式火化，骨頭則由多個酋長瓜分」。奧貝塞克拉同意，「庫克的屍體以合乎儀式的方式被支解、火化，然後分給各個酋長，就像他也是一個有重要地位的酋長」。

喀里伊凱盡其所能，幫忙找回庫克的遺體。根據奧貝塞克拉，他把遺體「包得整齊美觀」才帶過來。索蒙也證實船員收下一個黑色羽毛斗篷，「內有焦肉附著的遺骨，包括庫克的大腿與小腿，但沒有雙腳」。

眾船員順利尋回「兩條手臂，以及與手臂分開的兩隻手。手和前臂的皮膚還連接在一起。而雖然臉骨不見了，但頭顱和頭皮上還有一隻耳朵」。此外，他們還用

鹽保存庫克的手。索蒙寫道，當天下午，失而復得的庫克遺體「以隆重軍禮，舉行海葬儀式」。

的確，高貴的庫克船長被夏威夷原住民大卸八塊了，不過謝天謝地，他從未因被當成午餐吃掉而蒙羞。一開始，夏威夷祭司沒意識到，把遺骨還給船員去埋葬會更符合政治利益，還一心想把遺骨變成神聖的手工製品！

---

22 表示說話者覺得別人都想傷害他、報復他或批評他。

23 曾統一夏威夷群島並建立王國的酋長。

## 43 — 沃爾特・雷利爵士從新世界帶回馬鈴薯？

據英國廣播公司BBC午間新聞報導，馬鈴薯是「雷利爵士送給伊麗莎白一世的禮物」。不，這是真的，女王陛下，您可以搗成爛泥、用水煮沸，用途多多噢。伊麗莎白一世喜愛禮物和甜食，如果雷利真的呈上馬鈴薯當作禮物，恐怕更早就被拖出去斬了吧。[24]

此外，世人也常把發現馬鈴薯的人，歸功於同為探險家的德雷克爵士。亞蘭・羅曼斯（Alan Romans）在《馬鈴薯之書》中指出，一八五三年，有座他自豪地揮舞著馬鈴薯的雕像，豎立於德國歐芬堡。事實上，不管是德雷克、雷利，還是伊麗莎白一世，都不可能直接碰觸這種「骯髒」的塊莖，因為只有窮人才會用手摸蔬菜。

根據《傳記詞典》的一則詞條紀載，似乎是約翰・傑拉德（John Gerard）在一五九七年《草藥》中，率先誤解了這種蔬菜的起源。傑拉德在書中寫道，「他收到維吉尼亞寄來的馬鈴薯塊莖，然後種在自己的園子裡」。然而羅曼斯指出，馬鈴薯不同於菸草，「原產地並非在北美洲」。雷蒙．史登（Raymond Stearns）在《英屬美洲殖民地科學》一書中主張，「傑拉德所說的馬鈴薯其實是一種番薯，也可能是耶路撒冷洋薊」。

羅曼斯寫道，一五七七年，德雷克在智利找到馬鈴薯，「但這些馬鈴薯不可能保存到他一五八〇年回國」（儘管一些現代超商肯定認為還能放個幾星期）。根據《傳記詞典》，馬鈴薯原產於祕魯，而《牛津食物指南》寫道，一五三七年歐洲人在今天的哥倫比亞首度發現馬鈴薯。因此，大致上不出所料，馬鈴薯先神不知鬼不覺散播到歐洲，再於至少一五七〇年以前，傳入西班牙塞維亞，然後在一五九〇年代流入英國，只是「當時誰也不覺得，有必要在意馬鈴薯的到來」。

馬鈴薯並非一出場就掀起熱潮，根據《牛津食物指南》，因為「聖經上沒有提到，所以新教徒不種馬鈴薯」。不過，天主教徒「朝馬鈴薯種子噴灑聖水，並選在聖週五[25]種植」，成功解決了這個麻煩。

時至今日，已經沒有人會質疑馬鈴薯的神聖性，而天主教每週五吃魚的傳統，如果少了薯條可以配，這個傳統恐怕就無法那麼受歡迎吧。

24 伊麗莎白一世逝世後，繼位者詹姆士一世以意圖顛覆王位的罪名處決雷利。

25 聖週五（Good Friday）為耶穌受難日。

第八章

# 謠言

## 44—英國以浸水刑來判定女巫是否有罪？

在十七、十八世紀，所謂的「浸水刑」就是將人固定在「浸刑凳」上（凳子是一種蹺蹺板式的木造結構），連人帶凳浸入溪流或池塘中。這不是什麼檢測，純粹是一種懲罰。《近世英格蘭犯罪與心態史》一書作者麥爾坎・蓋斯基爾（Malcolm Gaskill）指出，「讓潑婦浸水」和「讓女巫游泳」常被誤會成同一件事。歐文・達維斯（Owen Davies）在《巫術、魔法與文化》一書中解釋，浸刑凳專門用來懲罰各種輕微的小罪，「像是在瞻禮日穿著不得體、違反度量衡規定、罵人」等。

一七三九年，亨利・菲爾丁（Henry Fielding）在〈吵架說的話〉一文中（收錄於《鬥士報文稿集錦及相關文章》）透露，「潑婦往往為鄰里所畏懼。我懷疑我妻子的舌頭是否就和我的棍棒一樣，令認識她的人膽顫心驚」。他接著解釋，「一條惡毒的舌頭，就和瘋子手裡的劍差不多。某些地區的人會在河面上架起木凳，將出言不遜的人固定在凳子上，再毫不留情地浸入水中」。珍・馬歇爾（Jane Marshall）在《英國絕美修道院三番巡禮》一書中寫道，英國最近使用這種裝置的紀錄，就是珍・柯倫（Jane Curran，也有人說她叫珍妮・派普斯〔Jenny Pipes〕）被浸入附近溪流那次。

另一方面，「讓女巫游泳」就不太一樣了。一六一三年，倫敦發行過一本小冊子，題為《如何逮捕、檢驗及處決女巫》，裡面記載著「讓女巫游泳」的歐陸習俗。若想知道這項儀式的依據，可以參考一五九七年英國詹姆士一世撰寫的獵巫手冊《惡魔學》。詹姆士一世解釋，「因女巫抖落洗禮的聖水，所以上帝已指定河流必定不會接納女巫」。當時的人會先綁住嫌犯的手腳，再把她們拋入溪流或池塘。如果河水不予接納，她們就會浮出水面並被判有罪；如果河水接納了，那就證明她們已經通過合法受洗，之後會沉入水中並獲判無罪。此外，那本小冊子還為不識字的讀者提供木刻插圖。達維斯寫道，這些插圖「以圖畫清楚說明浸水刑的方法」。

根據達維斯，貝德福郡密爾頓鎮的瑪麗・撒頓（Mary Sutton），就是那本小

冊子賴以為據的測試個案，但她受試的結果沒有定論，因為第一次讓她「游泳」時，她沉入水中；第二次，她浮出水面。後來改由地方法官審理這件案子，才判她有罪並處以絞刑。照這樣看來，游泳檢測反倒是多此一舉。儘管如此，「讓女巫游泳」的習俗依然十分盛行。

## 45─蘇格蘭家族格紋可以追溯到古代？

不管蘇格蘭裙的格紋是不是自己家族的，還是執意穿上裙子，就稱得上是大膽的男人（或雪貂啦，等一下再跟你解釋）。大家往往以為，蘇格蘭家族格紋可以追溯到古代，但格紋的起源其實頗出人意料……因為竟然還會扯上兩個姓艾倫的騙子兄弟，而且他們的功勞可大了。

關於蘇格蘭高地服飾的文藝作品，最早可以追溯到約翰・懷特（John Wright）的畫作〈高地酋長〉。一般認為，這位令人欽佩的酋長是坎貝爾（Campbell）家族後裔，但耐人尋味的是，他穿在身上的格紋，完全不像任何一種坎貝爾家族格紋，也不像現存其他公認的格紋。在《坎貝爾家族史》（卷一）中──即使你不姓坎貝爾，讀起這本書也會覺得津津有味──阿拉斯泰爾・坎貝爾（Alastair Campbell）寫道：那幅畫的格紋花樣很不規則，但早期格紋多半如此。

事實上，在十五、十六世紀的著作中，幾乎從未提過任何特定格紋的式樣。歷史上，常將格紋特有的反覆交叉稱為「格子」，大概是與區域有關，而非家族。諾曼・戴維斯（Norman Davies）在《歐洲史》中補充，其實一般百姓並沒有這種傳統。歷史學家馬努斯・馬努遜（Magnus Magnusson）在《蘇格蘭民族故事》指出，一七四六年卡洛登戰役中，「沒有任何用來彰顯家族向心力的特殊格紋標誌」。大衛・莫里爾（David Morier）則在畫作〈卡洛登之役〉證實這種觀點，因為畫中的詹姆士黨人，也穿著各種不同格紋的衣物。

後來十八世紀問世的《大英百科全書》記載：「從那些畫像可以看出，蘇格蘭高地紳士依照自己喜歡的顏色和款式，穿著各種不同格紋的衣服，而格紋之間毫無關聯」。由此可見，他們多半是基於品味，而非親族關係來選擇格紋。

格紋時尚的起點可以追溯到十九世紀初。一八二二年，國王喬治四世在小說家華特・司各特爵士邀請下，正式出訪愛丁堡，當時他身穿蘇格蘭短裙亮相，從此引爆熱潮。另外根據大衛・麥匡（David McCrone）的《了解蘇格蘭》一書記載，國王在他的裙子下，還穿了一雙迷人的粉紅褲襪。雖然或許有人會說，好險褲襪沒跟著引領潮流。不過把某款格子和某特定家族名字連結起來的傳統，就是從這次出訪確立起來的。

戴維斯指出，後來格紋時尚也多虧「自稱是索別斯基・斯圖亞特（Sobieski Stuarts）的騙子兄弟」推了一把。這兩兄弟名叫約翰和查理，但其實他們姓艾倫，謊稱自己是失蹤多年的波蘭／詹姆士黨皇室後裔。根據戴維斯，他們推出了一部「說明詳細卻謬誤連篇的著作」，還起了個冠冕堂皇的書名：《蘇格蘭服裝》。

這兩兄弟聲稱，這本大部頭書由十六世紀羅斯教區主教所著，一八四二年，斯圖亞特在《談設計版權保護效力延伸》的小冊子中登廣告，宣稱他們的著作「裝幀精美、耗費巨資，共有四十五本待售，每本要價十基尼」。馬努遜寫道，此書「號稱」介紹了正統古蘇格蘭家族的格紋。

坎貝爾說這本書是部傑出的虛構作品，並引述斯圖亞特寫給坎貝爾（J. F.

Campbell）的一封信。信中寫道，第六代阿蓋爾公爵通常穿由藍、黑、綠三色構成的黑衛士格紋（Black Watch，原本是蘇格蘭步兵團第四十二營制服花色，後來以此名廣為人知），直到一八二四年，他才開始穿顏色明豔的斯布蘭矩（sprainges，黃白條相間的格紋）。

斯圖亞特聲稱公爵本來對這款格紋「一無所知」，是他把這項傳統告知公爵的。但實際上，在一八一九年，「一位年邁的坎貝爾氏女士在奧湖湖畔」透露這項祕密傳統，斯圖亞特才知道，只有皇親貴族才能穿鮮豔的條紋。坎貝爾懷疑，「後來研究格紋的專家深深鍾愛的這款黃白格紋，其實不過是詭計多端的艾倫兄弟捏造出來的，而今天多不勝數的『家族』格紋，也出自他們之手」。坎貝爾說還有人建議，如果不想出錯，最好別穿所謂的阿蓋爾式坎貝爾格紋，或奧湖式坎貝爾格紋。

坎貝爾也指出，有時候即使「某個家族自認已經擁有某種格紋」，艾倫兄弟仍然會替他們製造「另一種格子」。此外，詹姆・麥凱（James MacKay）在《家族與格紋》一書中補充道，「諷刺的是，斯圖亞特憑空捏造的花樣，到了現在竟成了最古老的格紋，還被視為是最正統的款式」。戴維斯在結尾寫道，把某款格紋編派給某個家族的過程，「成為一種非凡的文化發明，並在其後兩世紀不斷演進」。

直到現代，相關人士仍努力捍衛著使用特定方格花紋的權利。根據《每日電訊報》，二〇〇五年十月十二日，時尚公司巴寶莉（Burberry）威脅要控告一家雪貂用品專賣店，因為他們販售的寵物貂服飾上，有未經巴寶莉授權的著名經典格紋。當被問及是否打算推出寵物貂系列產品時，巴寶莉發言人說，「目前沒有開發寵物貂產品線的計畫，但不表示未來不會有」。

嗯，大家慢慢看吧……

## 46 — 奧林匹克運動會有點燃火炬的傳統？

自公元前七七六年起，奧林匹亞每四年都會行一次盛會，以運動、文學和音樂競賽為主要特色——這就是奧林匹克運動會的起源。大衛・羅勒（Duane W. Roller）在《大希律王的建設計畫》一書中指出，公元前一二年，希律王大力支持這項所費不貲的盛事，而後成為終身主席（說起來，他也不是光做壞事而已嘛）。

事實上，根據《牛津慣用語及寓言詞典》記載，公元三九三年，羅馬皇帝狄奧多西一世以奧運與異教團體有關為由，禁止舉行。直到十九世紀初，才出現提議重啟賽事的聲音；一八三三年，希臘詩人潘納吉歐第・蘇索斯（Panagiotis Soutsos）還在詩作〈亡者的對話〉中呼籲世人重新舉辦奧運。

《牛津國家人物傳記詞典》指出，一八五〇年，英國醫生威廉・布魯克斯

（William Brookes）成立了溫洛克奧林匹克協會，為文學、藝術，以及運動方面的技術與成就，發起了一年一度的競賽活動。這項賽事就像最早期的奧林匹克運動會，吸引布魯克斯的各階層人士來參賽。一八五九年，希臘富商伊凡吉里斯．札帕斯（EvangelisZappas）資助雅典奧運的復興。幾年後，布魯克斯從札帕斯的成功中獲得靈感，創立了施洛普夏郡奧林匹克運動會。

到了一八六五年，布魯克斯又協助設立英國國家奧林匹克協會；翌年，水晶宮首度舉行賽事，吸引了超過一萬名觀眾前來觀賞。然而，布魯克斯在國際上推動奧運時卻困難重重，後來法國皮埃爾．古柏坦男爵（Baron Pierre de Coubertin）接手這項他推崇為「輝煌而慈善」的任務，才成功確立這個將長久存在的國際賽事。順帶一提，一八九六年第一屆奧運在雅典揭開序幕時，一共有十二個國家參賽。

現在，在奧運開幕典禮上總會有一個接力跑者，手持從赫拉神廟一路傳遞到主辦城市的聖火，點燃火炬，象徵三千年來，奧林匹克聖火在神廟中燃燒不息。等等，怎麼會有人對此信以為真？實在是令人費解！《大英百科全書》指出，「事實與大

眾想的正好相反。從赫拉神廟一路傳到主辦城市的火炬接力，在古代並沒有堪與比擬的前例可循」。既然比賽最初就是在奧林匹亞舉行，根本沒必要把火炬傳遞到別的地方去呀！《大英百科全書》還寫道，奧林匹克聖火首次亮相時，是在一九二八年的阿姆斯特丹奧運。而這火炬接力，其實是一九三六年柏林奧運籌辦人卡爾・田姆（Carl Diem）想出來的活動，並在該屆奧運「首度登場」。

話說回來，以前的奧運要求參賽者光溜溜上場，但現在的奧運卻沒有沿襲這項傳統。我們可別忘了，現在參賽者還得把號碼布別在衣服上呀。

## 47—美國發起獨立戰爭是因為不滿增稅？

事實上，一七七三年，《茶稅法》下調了美國殖民地茶稅的五〇％。當地居民還是要繳一點稅，不過正如羅勃·哈維（Robert Harvey）在《血淋淋的鼻子》一書中指出，「茶其實比美國人以前進口的便宜很多」。

為了要償還將近一億二千三百萬英鎊（約相當於今天的五百億英鎊）的債務，英國不得不提高殖民地的稅賦。而為了遏阻法國統治北美洲的野心，英國還花大把銀子去打「七年戰爭」，因而更加重了負債。不過英國政府試圖向殖民地徵稅，在那一百五十年的殖民史上，還是頭一遭。

約翰·塞爾比（John Selby）在《往約克鎮路上》一書中寫道，「為了保衛剛打下來的新帝國，英國必須派六千人留守在那裡」。哈維認為，想提高英國本土稅收來負擔戰爭成本，根本是不可能的事，因為英國的稅賦已經「高得難以負荷」。

布倫登・墨里希（Brendan Morrissey）在《波士頓》一書中解釋，一七七五年，英國納稅人要繳二十五先令；相較之下，美洲人只要繳六便士。為了保衛家園，英國要求殖民地居民負擔部分開銷，雖然已有進出口關稅了，但套句哈維的話，殖民地居民仍「習以為常地逃漏關稅」。

後來，維吉尼亞州律師派屈克・亨利（Patrick Henry）提出抗議，說了那句歷史悠久、英國子民曾說的話：「無代表，不徵稅！」。殖民地居民堅稱，他們在英國西敏寺議會中，沒有美洲地區的代表，所以政府無權對他們課稅。然而哈維卻指出，十八世紀的英國，只有三％的人民有投票權，而即使是這些有權投票的人，也仍然必須對仕紳階級負責。哈維也提到，當英國首相喬治・格倫維爾（George Grenville）問各個殖民地議會，能為美洲保衛戰負擔多少開銷時，「殖民地居民答不出來，因為他們沒有自行提高稅收的計畫」。

正因如此，英國議會才試圖實施一系列的增稅法案。根據《大英百科全書》記載，《糖稅法》頒發後，英國糖的保護價格，實際上對新英格蘭蒸餾酒製造業較有利，儘管他們不懂為什麼。後來政府推行《印花稅法》（報紙類消耗品的稅徵）後，殖民地居民發起暴動、焚燒印花，當地印花批發商還被恐嚇，所以英國政府趕緊廢止該法案。一七六七年又頒布《湯森稅法》（對茶葉〔每磅三便士〕和其他部分貨物課稅）後也遇到同樣的抵制情形，最後英國只好撤銷茶稅以外的所有稅賦。塞爾比寫道，當時統治殖民地的喬治三世堅持保留茶稅，「因為這象徵英國皇室有權對美洲徵稅」。不過《大英百科全書》卻指出，約翰．漢考克之類的波士頓茶商向「荷蘭茶葉走私商人」批貨，徹底規避了這項法案。

一七七三年的《茶稅法》，其實從頭到尾都無意讓老百姓陷入窮困，當時純粹是為了挽救面臨破產的英屬東印度公司。當時，東印度公司還有一千七百萬磅囤積過剩的茶葉，正放在倉庫裡慢慢腐爛。根據《大英百科全書》，英國政府修訂了消費稅條例，允許東印度公司以低價出清茶葉，且不必繳任何稅。保羅．強森（Paul Johnson）在《美國人民史》中寫道，漢考克是個可敬的大規模走私商，因此「他覺得這條法案威脅到自己的生計」。

在《世界上最棒的美國歷史書》（這標題有夠「謙虛」）中，艾瑞克．柏內特（Eric Burnett）寫道：「有錢人正在虧錢，那就是時候造反啦！」但其實早在一七六七年，湯森茶稅就已經開徵了，因此殖民地居民過去六年來，都樂於繳納（或逃漏）茶稅。

在《稅改鬥士與直接民主政治》一書中，丹尼爾．史密斯（Daniel A. Smith）承認，「歷史學家大致上都同意，從茶葉課得的稅收相對而言並不多，所以這個政策還算公平」。哈維認為，因為英商將以壟斷之姿傾銷免稅茶葉，所以才把向來作風保守的當地茶商逼急了，因此茶商才會和山繆．亞當斯為首的激進派，以及旗下的「自由之子」結盟。根據《麥美倫百科全書》，「這是一群美洲激進份子，反對進口便宜茶葉」。後來，自由之子喬裝莫霍克（Mohawk）印第安人登上茶船，將討人厭的免稅茶葉，通通倒進波士頓港海灣（常有人說，假扮成印第安人象徵著自由。這種裝扮似乎也方便「追求自由」的激進份子匿名行動）。

哈維認為，當地居民主要是反對被額外課稅，而不是在沒有美洲代表的情況下被課稅。塞爾比也同意這種觀點，認為事情很快就「非常清楚，殖民地居民反對一切稅收，不管是以什麼形式」。墨里希接著指出，波士頓茶黨事件會爆發，不僅是因為「那套立意良善的政治規則」，也因為像漢考克這種富有的走私商人，將面臨財務損失。

編按：波士頓茶葉事件是導致美國革命的關鍵，事件發生後，英國政府採取了一系列強硬措施，引發殖民地的一連串反抗行動，之後也導致一七七五年美國革命之戰。

## 48——亞歷山大・佛萊明救了邱吉爾兩次？

在心靈勵志和自我成長書籍中，往往少不了這個要追溯到五〇年代的故事。在這個故事中，有個蘇格蘭農夫的兒子，名叫亞烈斯・佛萊明（Alex Fleming），當年，年紀輕輕的邱吉爾差點溺死在蘇格蘭湖裡，就是被亞烈斯・佛萊明救了起來。事後，邱吉爾的父親乘著時髦的馬車到農夫家，滿心感激，決定贊助家境窮困的亞烈斯・佛萊明進修醫學課程（附帶一提，正牌佛萊明的小名是「亞烈克」〔Alec〕，而非「亞烈斯」）。

佛萊明開始工作後，偶然發現了青黴素（又稱盤尼西林），幾年後，這種藥物再次救了（猜到了吧）邱吉爾一命。然而，根據「邱吉爾中心」描述，基於下述幾個理由，這個故事「無疑是杜撰的」。

首先，邱吉爾小時候住在愛爾蘭，不是蘇格蘭，而當他回到倫敦後，八歲就開始上寄宿學校了，而如果邱吉爾真的出過那次溺水意外，他的父母大概也不太可能知道，因為詹妮絲·漢密爾頓（Janice Hamilton）在《溫斯頓·邱吉爾》傳記中指出，邱吉爾在年少時期很少和父母往來，雖然父母聲稱很疼愛邱吉爾，但卻疏於探望，連路過寄宿學校時，也不進去看一眼。

至於邱吉爾和青黴素有何關聯呢？一九四四年邱吉爾患了肺炎，因此，大家建議他服用新的藥物：青黴素。但根據《發現與狂喜》一書作者華特·葛拉茲（Walter Gratzer），邱吉爾服用的是比較傳統的藥物：磺胺劑。不過，青黴素治好

邱吉爾的謠言卻未曾止息。在《亞歷山大・佛萊明》一書中，葛溫・麥法蘭（Gwyn Macfarlane）寫道：「拯救溺水的邱吉爾一說尤其荒謬，邱吉爾比佛萊明還要年長七歲呀！」

「邱吉爾中心」也指出，這個故事其實源於五〇年代出版的《少年主日崇拜程序》，書中某一章以〈仁慈的力量〉為題收錄這個故事，其中要傳達的寓意大概是：對溺水兒童伸出援手，不只是道德義務，也可能為你帶來益處。

## 49 二戰士兵的飲食被摻了抑制性慾的藥物？

在南非，士兵聲稱他們的食物被摻入「藍石」（硫酸銅）；在美國，據說士兵的茶加了硝石（硝酸鉀）；在波蘭，遭殃的是咖啡；在法國，酒作為一種抑慾手段，在士兵渾然不覺的情況下，融入他們的日常飲食；在德國，軍隊聲稱他們的咖啡加了碘、食物加了蘇打；在英國，許多人相信士兵的茶加了溴化物鎮靜劑。據說，暗中添加這些化學混合物，是為了抑制士兵的性慾，也有人說在男子寄宿學校之類的大型機構中，同樣會利用這些混合物來抑慾。

不過，目前還沒有任何確鑿證據顯示，曾有哪一種物質被軍方當作性慾抑制物，並定期加入義務役士兵的飲食中。家醫科醫生達維・戴爾文（David Delvin）認為，這個故事根本是無稽之談。

舉例來說，硫酸銅只有一種醫療用途，就是為病患催吐，不管服用多少劑量都會引起胃炎；碘具有毒性，不管用量多少，只要人體吸收一點就會中毒；溴化鉀是維多利亞時期常用的鎮靜劑，唯一可能的作用，就是讓病患想睡到性致缺缺，服用過量還會導致所謂的溴中毒（只要微量就有可能），甚至進一步引發譫妄和精神病。當然，比起士兵服用鎮靜劑後，看見粉紅兔之類的幻覺或上吐下瀉，國家寧願要性慾旺盛的士兵吧！

這些揮之不去的謠言會傳開，部份原因是……大家老說軍隊配給的食物有怪味，再加上士兵在服役中、退役後常出現勃起功能障礙。因此，士兵開始懷疑他們的食物被摻入藥物。格倫．丹尼爾．威爾森（Glenn Daniel Wilson）在《多元性慾》中寫道，「男性面臨長期匱乏的處境時，能夠暫時關閉性慾」，他還補充，男性在坐牢或住院時，性幻想頻率會降低，證實了這種現象。威爾森認為這可能反映出「心因性睪固酮」分泌的減少，也可能是其他神經調適作用，而不是如謠傳般的加了添加物。

自古以來，軍方雖然可能把鎮靜劑當應急藥物餵士兵，卻從沒為了抑制性慾，讓士兵定期服用。真相究竟是什麼？純粹是因為軍隊伙食真的難吃得要命！

第九章

# 文化

# 50 《洋基歌》最早是美國革命歌曲？

美國民族主義代表歌曲《洋基歌》（Yankee Doodle）的由來，可以追溯到一七七五年美國獨立戰爭。《牛津美國軍事基礎詞典》指出，這首曲子的歌詞源於英國，原本大概是要填進當時某一首民謠或進行曲。

根據《簡明牛津音樂詞典》，「以《洋基歌》為歌名發行的版本，最早可見於一七七五年左右，在格拉斯哥出版的《埃爾德橫笛、小提琴及德國長笛多國歌曲選輯》」。《牛津美國軍事基礎詞典》也寫道，這首歌於「一七五〇年代，法印戰爭（又稱為「七年戰爭」）期間完成作曲」。在這場戰爭中，英國正規軍和殖民地部隊並肩作戰，擊退企圖稱霸美洲的法國。雖然不知道歌詞的確切起源，不過根據《牛津英語詞典》，這首歌「據說是一七五五年由夏克柏醫生作曲」。

《簡明牛津美國文學指南》也同意這種說法，「一般認為，這是英國隨軍外科醫生夏克柏譜寫的曲子。」另外，根據《牛津英語詞典》，某段歌詞本來是用來嘲弄和英國士兵一起服役的「省級部隊」。

我們不清楚「Yankee」一詞打哪兒來的，不過根據《牛津英語詞典》，看起來最可信的推論是，這個詞來自荷蘭文「Janke」，縮寫為「Jan」（即英文 John），而新英格蘭地區的荷蘭人或英國人，把這個詞當作嘲諷他人的詞彙。《牛津英語詞典》也指出，「Doodle」一詞為英文，起源於十七世紀，原意是「傻瓜或糊塗蛋」。

許多人大概記得《洋基歌》有這麼一段歌詞：「在帽子上插根羽毛，把它叫作通心粉」。這段歌詞蠻費解的，因為通心粉是一種中空的管狀義大利麵，和羽毛一點也不像。《牛津英語詞典》指出，這個典故可能出自十八世紀的「倫敦通心粉俱樂部」，當時在英國人眼中，通心粉是充滿異國情調的外國料理，原本創立這個俱樂部，是為了「顯示成員都偏好異國的烹飪技術」。通心粉俱樂部的成員都是年輕男子，也是時常遊歷歐洲的名流，他們不惜花大錢模仿歐陸的品味與時尚。換句話說，英國軍隊在嘲弄殖民地軍隊，認為他們沒自己崇尚的那樣風流倜儻——就士兵的幽默而言，這還算是相當溫和的嘲諷。

十二年後，美國獨立戰爭爆發，同樣的這一群殖民地士兵反過來對抗英國。一七八八年，在萊辛頓之役開打前，美國羅克斯伯里的威廉・戈登牧師在《美國獨立史：崛起、發展與建立》中提到，英國軍隊「在珀西勳爵領導下，一邊行軍一邊不屑地高唱《洋基歌》，嘲弄那些被他們蔑稱為洋基佬的新英格蘭人」。

但是風水輪流轉，殖民地軍隊扳回一城後，反過來把這首歌奉還給英國軍隊。《牛津英語詞典》引述一則一七七五年《賓夕法尼亞晚報》的報導：英國將軍蓋吉率領的部隊「士氣很低落，一點也不想再唱什麼《洋基歌》」。當時美洲人已經由衷接納了《洋基歌》，唱得彷彿是自己的家鄉調。

## 51—納粹黨徽是古老的厄運象徵？

卐字徽（swastika）是一個等邊十字記號，十字臂的四個方向都向右呈直角彎曲，以順時針方向旋轉。根據《牛津世界史詞典》，「swastika」源於梵文「svastika」，意思是「萬壽無疆」。與之相對的，向左呈直角彎曲或朝逆時針方向旋轉的卍（swastika），源於「sauvastika」，有時會被視為是厄運的象徵。在某些設計中，「卍」字的主要功能，僅僅是做為卐字的鏡像。

此外，卐字徽也融入羅馬的鑲嵌藝術，以及十三世紀法國亞眠聖母院（Amiens Cathedral）的地板設計。作家魯雅德·吉卜林（Rudyard Kipling）曾在《詩集》提到這個標誌。後人在該書的註解寫道，吉卜林在此書中經常使用卐字。

一九〇八年，加拿大安大略省北部礦區，有個名叫「卐」的小社區，至今依然沿用這個名字。路易·雅各（Louis Jacobs）在《簡明猶太宗教指南》中寫道，「在古猶太教堂的卐字徽考古中發現，雖然只是裝飾用途，但猶太人的確也曾使用這種標誌」。早在一九〇〇年代，許多國家都認為，卐字徽是幸運的象徵。

根據《大英百科全書》，「卐字徽的十字臂以順時針方向旋轉，成為納粹德國的民族標誌」。《牛津第二次世界大戰指南》指出，納粹之所以採用卐字徽，是因為他們「誤以為它出自條頓人[26]之手」。

一九二七年，希特勒發表《我的奮鬥》（過去被不少政黨發言人戲稱為《我的抽筋》），在書中他用了好幾個段落，解釋他自己是如何想到這個圖案的。他說：「我身為政黨領袖，並不想將自己的設計公諸於世，畢竟別人可能提出和我一樣好的（即使沒有比我好）圖案。」（如果你有志成為獨裁領袖，也要注意這種事才行喔）

希特勒說他不得不捨棄數不清的提案，而其中許多都融合了卐字設計。之後他不情願地承認「有個斯坦柏格來的牙醫提出一個好圖案，和我的設計很像。他的卐字徽只有一個缺陷……他用了白色背景」。

希特勒最後採用紅旗，「上有一個白色圓盤，圓盤正中央是一個黑色卐字」。他還費心補上一句，說自己也設計了納粹黨旗。（這還用說嘛？）

有些人誤解了十字臂「向左」、「向右」的定義，才會以為希特勒捨棄世人偏好的幸運卐字徽，選擇了所謂的厄運象徵卍字徽。學界權威都同意「向右」的十字象徵幸運，但問題來了，儘管根據大多數文獻（包含《大英百科全書》），「向右」是指十字臂指向右邊的「卐」，卻也有少數論述（如：呂迪格・達爾可〔Rudiger Dahlke〕撰寫的藝術書《世界的曼陀羅》）主張，「向右」的十字應該是「卍」才對。這些少數派認為，若是「向右」噴射推進（想像十字臂如排氣管噴出火焰），整個十字就會轉向左邊。

從宏觀角度來看，爭論這一點未免奇怪。要說希特勒有什麼缺點，比起是不是把黨旗標誌弄反了，還有一大堆更值得討論的例子吧。

26 條頓人是古日耳曼人中的一個分支。後人常以條頓人泛指日耳曼人及其後裔，或是直接以此稱呼德國人。

## 52 騎士雕像的馬蹄，暗示了騎士的死法？

如果馬的四條腿都接觸地面，表示騎士在戰爭中會毫髮無傷活下來；如果只有兩條馬腿接觸地面，表示騎士將戰死沙場；如果有三條馬腿接觸地面，表示騎士在戰爭中受傷，且最後會因傷而死；如果四條馬腿都離開地面，則表示那匹馬會死在戰場上（最後這句是我瞎掰的）。這就是所謂「從騎士雕像判斷騎士死法」的祕訣，在小學生之間特別風行。

英國利物浦萊姆街的聖喬治露臺上，有個湯瑪斯・桑尼考蓋的雕像（一八六九年完工），那是尊維多利亞女王騎士雕像，駿馬高舉著一條腿。小學生再怎麼不用功也知道，維多利亞女王從沒在戰場上受過傷，所以顯然這套祕訣不是處處都管用。此外，威靈頓公爵比已故女王參與過更多戰事，不過只要仔細觀察他的雕像，馬上就能推翻這套理論。

其中一座威靈頓公爵騎士雕像，位於格拉斯哥（還如往常戴著交通錐當頭盔），雕像的四只馬蹄都穩穩踩在地面上；另一座雕像位於奧爾德夏特，四只馬蹄也都接觸了地面。公爵八十三歲時在床上病逝，因此，目前為止都沒問題。

約翰．斯蒂爾爵士（Sir John Steel）也建了一座威靈頓公爵青銅雕像（又稱為鐵公爵），豎立於愛丁堡王子街上。這座雕像上有兩只馬蹄離地，似乎表示公爵會戰死沙場，但事實並非如此。

至於美國將軍喬治．華盛頓（George Washington）的騎士雕像呢？拿這套理論來檢驗，同樣行不通。這座雕像置於紐約布魯克林，由亨利．許瑞迪（Henry Shrady）所設計，描繪華盛頓當年在福吉谷的英姿。雕像的四只馬蹄都接觸地面，顯示他理應安享天年，而他的確就像威靈頓公爵，最後以六十七歲高齡在床上病逝。然而，同樣是描繪華盛頓的雕像，在曼哈頓聯合廣場公園的、在華盛頓特區華盛頓圓環的、在維吉尼亞州里契蒙州議會廣場的、在麻州波士頓公共花園的，以及在法國巴黎耶拿廣場的，都有一只馬蹄高舉離地，這似乎表示他不但曾在戰場上負傷，後來還因傷而過世。

雖然有些人主張，只有蓋茲堡戰役的騎士雕像，才能套用這個祕訣，但這種說法也不對，因為舉例來說，蓋茲堡國家公園的詹姆斯·朗司崔（James Longstreet）騎士雕像上，有一隻馬腳離地，但朗司崔明明在美國南北戰爭後存活下來，後來還轉而從政，享年八十三歲。

光憑雕像的傳統藝術手法，真的無法判斷騎士的命運。不過最叫人想不通的是，竟然有人信以為真。

# 53—根據美國憲法，美國公民有權攜帶武器？

這項權利不像許多人以為的那麼理所當然。查理斯．杜拉普（Charles J. Dunlap Jr）在《牛津美國軍事史指南》中指出，「有一大堆美國人相信，美國憲法保障他們擁有槍枝的權利」。根據《牛津美國政府指南》，美國憲法第二修正案確實寫著：「紀律良好的民兵隊伍，對於一個自由國家的安全實屬必要；故人民持有和攜帶武器的權利，不得予以侵犯」，也就是說，因為自由國家要靠軍隊來保護，所以公民有權擁有槍枝，如果哪天國家有必要將人民徵召入伍，人民也應早已作好準備。

這項預防措施可以追溯到獨立革命時期，當時殖民地的民兵或義勇兵一接獲通知，就要在短短一分鐘內全副武裝，上戰場抵禦英國紅衫軍。一七七四年，《賓夕法尼亞公報》寫道，「每一個義勇兵都必須即刻備好堪用的槍枝、刺刀、彈匣袋、背包，以及三十發子彈和彈頭（以上並非配給品）」。

不管怎麼說，美國憲法第二修正案的措詞也太含糊了，以「不得侵犯人民持有並攜帶武器的權利」為例，光憑字面意思，要如何正確解讀？抑或解讀這句話時，也該考量當初制訂這條規定的精神？這個問題，當然沒有絕對的答案。

有些人引述十七世紀英國律師威廉・布萊克史東（William Blackstone），將他對英國「普通法」的詮釋視為歷史悠久的先例，以此證明人人有權在美國攜帶武器。在《民兵與持槍權》一書中，李察・烏維勒（Richard Uviller）和威廉・默克（William Merkel）認為，第二修正案不過是「重申新憲法之下已經制訂的法律」而已。

根據《牛津美國政府指南》，紐澤西州最高法院主張，憲法第二修正案主要「不是關乎個人權利」，而是「關乎維持美國活躍有序的民兵組織」。同樣地，根據一八八六年最高法院對普雷瑟訴伊利諾州案的判例，第二修正案的應用對象「僅限於聯邦政府」。然而，根據一份美國司法部長的意見備忘書，二〇〇四年，當被問及「第二修正案是否保障個人權利」時，他們的結論是：「第二修正案保障個人持有並攜帶武器的權利」。

不過這份文件還寫道，「關於第二修正案保障誰的權利一問，現行判例法仍持開放態度，尚無定論」。就現行法律而言，「第二修正案並未禁止州政府制訂槍枝管制條例」。看來一旦涉及擁槍議題，美國公民的權利不免就要受點限制，至於未來這些「權利」是否會限縮，仍然有待觀察。

第十章

# 發明家、發現者

## 54 W・H・胡佛發明了吸塵器？

世界上第一臺電動吸塵器，就和送奶車一樣巨大。伊安・哈里森（Ian Harrison）在《破天荒大事錄》中寫道，這臺吸塵器笨重到不得不「安裝在馬車上」。

一九〇一年，英國土木工程師修伯特・塞希爾・布斯（Hubert Cecil Booth）發明了這臺機器，不過每次使用這臺有二百公尺長軟管的機器，開始清理屋內灰塵時，龐大的吸塵器只能留在屋外的街上。此外，並非人人都喜歡這個新穎的工具。

在《紐康門協會發展學報》（一九三四年至一九三五年版）中，布斯說道，警察認為這臺機器「無權在公共街道上使用」，這個倒楣的發明家還常因為「嚇到街上拉出租車的馬匹」，而被人提告，要求賠償損失。這臺吸塵器要價三百五十英鎊，且無法收進樓梯底下的壁櫥，讓當時的普通人家望之卻步。

布斯在看美國清潔機器展時，萌生出真空吸塵的概念。雖然有人說該展辦在鐵路車廂裡，布斯卻說是辦在「帝國音樂廳」——展場上的機器藉由壓縮空氣，「朝地毯下方送入風流，然後把灰塵推進上方盒子裡」，布斯見狀向發明家問道：「為什麼不乾脆把灰塵吸出來呢？」結果沒想到發明家「被激怒了，表示絕不可能把灰塵吸出來，已經試過好幾次都不成功」，說完後掉頭就走。

布斯沒被挫折擊倒，依究繼續思考這道難題，接著開始「做實驗，在維多利亞街上一家餐館，對著絨布座椅背吸氣」。結果「我差點窒息……」（這時大概也可以喊聲「Eureka」吧！）

布斯的真空吸塵器，把倫敦海德公園的水晶宮吸得清潔溜溜。當時的水晶宮是皇家海軍志願軍後備隊的營房。二十六噸灰塵被清理乾淨後，有人通知布斯，「志願軍的健康情形馬上改善了」。這次的成功鼓舞了布斯，於是他繼續開發新機型Trolley-Vac，並於一九〇六年上市，售價三十五基尼。但對愛德華時代的一般家庭來說，這價格還是太高了。

根據《科技史》描述，翌年，一名患有氣喘的俄亥俄州清潔工詹姆斯・史潘格勒（James Spangler）以「地毯清掃器」為名取得專利。雖然史潘格勒只是將一根掃帚柄、一只旋轉刷、一個枕頭套組合起來，但特殊就特殊在……他還加裝了一個小小的電動馬達。哈里森寫道，後來他將此裝置拿給表姐蘇珊・崔沃・胡佛看，身為馬具商的表姐夫威廉・胡佛（William H. Hoover），「一眼就看出有利可圖」，隨即買下專利權。

根據《美國商業領袖傳記詞典》（卷二），約翰・辛韓（John N. Hingham）紀錄道，胡佛在《星期六晚郵週刊》上登了一個二欄式廣告：「只要不到一便士，這臺小機器就能幫你把房間裡的灰塵通通吸走」。胡佛推出的「小機器」掀起熱潮，到了一九二六年，還加了一支「震塵桿」改良。

根據《蒲爾現代慣用語及寓言詞典》記載，「一九二七年，公司為『胡佛吸塵器』這名字取得專利」，而動詞「胡佛」（to hoover）也旋即成為通用的英文語彙。說不定，把胡佛而非史潘格勒當成吸塵器發明人是件好事。想想看，如果說「我正要把客廳『史潘格勒』一下」，總覺得哪裡不太對勁啊！

## 55 — 畢達哥拉斯發現畢氏定理？

每個小學生對這段口訣都很熟悉（我想是吧）：直角三角形斜邊的平方等於兩股平方和。數學上，畢氏定理可以簡單寫成「$c^2 = a^2 + b^2$」。附帶一提，千萬別向《綠野仙蹤》的錫樵夫學畢氏定理，因為他拿到畢業證書時，竟然宣稱：「等腰三角形斜邊的平方等於兩股平方和。」之所以用「等腰」一詞來描述，無疑是想讓這條定理聽起來更厲害。的確，三角形可能是其中兩邊等長的等腰三角形，但更重要的是，一定要是直角三角形，才符合畢氏定理——錫樵夫卻沒說到這個重點。

大家往往以為發現這條著名定理的人，是公元前六世紀希臘哲學家兼數學家畢達哥拉斯（Pythagoras），但畢達哥拉斯的著作未能留傳後世，因此實際上很難區分他和他學生各自提出的學說。況且，畢達哥拉斯的門徒（人稱「畢氏學派」）還習慣將自己的發現冠上老師的名字。在《牛津古典詞典》中，弗里茲・古拉夫（Fritz Graf）也同意「既然沒有書面記錄……就無從得知畢氏學派在數學、音樂和天文上傳承的知識，有多少可以追溯到畢達哥拉斯本人或其早期追隨者」。

公元前一世紀，羅馬建築師兼工程師馬庫斯・維特魯威・波利奧（Marcus Vitruvius Pollio），率先將這條定理冠上畢達格拉斯的名字，卻無法證實這樣的主張。尤斯特高希爾（Christiane L. Joost-Gaugier）在《丈量天空》（Measuring Heaven）一書中指出，維特魯威不過是「記錄口述傳統」而已。

公元一世紀，希臘傳記作家普魯塔克在《蒲魯塔克札記》（Moralia）中引述數學家阿波羅鐸托斯（Apollodotus）的一番話，「畢達哥拉斯想出著名的定理後，宰了一頭壯牛來獻祭」。但普魯塔克不確定，這個故事是否和畢氏定理有關，或者和「圓錐截面拋物線面積」的問題有關。他也在〈肉食〉一文中寫道，畢達哥拉斯相信輪迴說，是個反對屠宰動物的素食主義者，因此，屠牛之說也許是一種誇飾罷了。

再說，還有人比畢達哥拉斯更早發現這條定理呢！根據《代數整數論》一書記載，「在幾個不同文化中，都有人獨立發現這條定理」。早在公元前十九世紀，巴比倫人就對這些計算結果「深深著迷」，還把其中十五條公式記錄在泥板上——也就是今天所謂的普林頓三二二號泥板。《大英百科全書》也以四塊巴比倫泥板（約於公元前二十世紀至公元前十七世紀間製成）為證，主張他們「對這條定理已經有所認識」。此外，埃及學教授米洛斯拉夫·維納爾在《金字塔》中指出，早在公元前二十五世紀，埃及人修築金字塔時，就知道畢氏定理，只是他們不用畢達哥拉斯的名字來稱呼。

不論真正的起源是什麼，用畢氏定理來陳述這個概念，真的很方便。而且，這條定理可沒害任何牛隻被宰掉。

# 56 —羅伯特．本生發明本生燈？

大多數人畢業後，應該都忘不了科學課用過的本生燈。本生燈是一種小型的燃氣爐，藉由控制底座的調節套閥，來增減點火的空氣量，也能製造高溫火焰。此外，本生燈也是瓦斯爐和火爐的先驅。十九世紀德國科學家羅伯特．本生（Robert Bunsen）於一八五五年即開始推廣本生燈，但根據《麥美倫百科全書》，「他不是發明本生燈的人」。

開發出第一座實驗室本生燈的人，是英國物理學家兼化學家麥可．法拉第（Michael Faraday）。一八二七年，法拉第在《化學操作》中充滿熱忱地寫道：「幾年前，化學燃氣燈還只是新奇的玩意，現在卻變得很有價值」，因為它可以「極其精確地調整成任何角度」。根據《物理學詞典》記載，後來本生使用這種工具時，「沒裝上調節套閥」。

羅克（A. J. Rocke）在《牛津現代科學史指南》中記載，一八五四年，本生請技術人員彼得・迪薩加（Peter Desaga）製作一座燃氣燈，並要求「在可控模式下，先混合燃氣與空氣後再燃燒，以製造出高溫、無煤煙的無光焰」。迪薩加構思出一幅可行的設計圖後，製造出五十座燃氣燈。羅克寫道，兩年後，本生發表了一篇描述這種燃氣燈的文章，沒多久，大家就開始使用改良後的新燃氣燈。而迪薩加從沒替自己的發明申請專利，「實際上，就這樣把重要的發明奉獻給科學」。

如今，本生燈在現代科學實務上是多麼重要啊！可不像燈座底下那些小墊子。以前上化學課無聊時，我常拿來啃著玩，後來才知道，那些小墊子竟然是極細石棉纖維做成的……

## 57—諾貝爾發明了硝化甘油？

爆裂物實驗是一種危險的嗜好。一八四六年，義大利化學家阿斯卡紐・索布雷洛（Ascanio Sobrero）提出一項引起世人關注的化合物時，就明白了這個道理。根據葛拉漢・魏斯特（Graham West）的《隧道營造業興起及創新》描述，索布雷洛發現這種化合物「只要放一點點在舌頭上，就會引發嚴重頭痛」，更叫人不安的是，「給犬隻服用少量就能致命」——這個化合物正是硝化甘油。

雖然如此，索布雷洛卻不得不為此研究付出代價。有次他用硝化甘油作實驗時，造成嚴重的顏面損傷，因此他決定，從此再也不進行爆裂物研究。儘管硝化甘油顯然非常危險，瑞典化學家阿弗烈・諾貝爾（Alfred Nobel）卻仍勇往直前，想辦法量產這種化合物。一八六四年，諾貝爾在索布雷洛研究的基礎上，精進了幾個步驟，結果炸死了一些人，其中還包括他的弟弟。兩年後，諾貝爾改良生產流程，並製造炸藥（dynamite，源於希臘文 dynamis，意思是「力量」），除了維持住爆炸威力，也提升了穩定性與安全性，使其便於運輸，這才總算搞定了硝化甘油容易誤爆的問題。

一八八八年，諾貝爾的一個哥哥身亡，法國報紙卻誤以為是諾貝爾去世。麥克・畢夏普（Michael Bishop）在《如何贏得諾貝爾獎》一書中寫道，當時該報以「死亡商人」為標題報導他的死訊。

諾貝爾終身未婚，還是一個和平主義者，因此他把握機會洗白自己的名聲，將自己靠生產炸藥積累的龐大財富遺贈後世，創立如今舉世推崇的諾貝爾獎。雖然諾貝爾帶給世人恰到好處的樂趣，但他的親人或許例外吧。畢竟他們沒能跟著變成超級富豪，頂多只能對身為大慈善家的家人引以為豪。不過，對於自己製造的產品帶來死亡與毀滅，這位慈善家同樣難辭其咎。

## 58　富蘭克林在雷雨天放風箏，證明閃電有電？

十八世紀中葉，美國政治家、科學家兼發明家班傑明・富蘭克林（Benjamin Franklin）熱衷於當時最新的潮流：電。一七五一年，富蘭克林發表了一個理論：透過金屬棒，可以從風暴中取得氣象電力。但不妨這麼說吧，他還來不及驗證自己的理論，法國博物學家布豐伯爵（Comte Georges-Louis de Buffon）就搶先一步在法國完成實驗了。

不過布豐可沒傻到親自測試這套工具。海布朗（J. L. Heilbron）在《牛津現代科學史指南》中記載，在某個暴風雨來襲的日子裡，布豐僱用一個「無足輕重的老兵」代打，對方熱心地「用自己的指關節接觸金屬棒，取得電火花」。海布朗說，好險金屬棒只引起微幅電波動，沒有發展出成熟的雷擊，這個退伍軍人才能撿回一條小命，不然就要被閃電炸焦了……慢點，等一下就會看到比較倒楣的例子。

後來，風箏取代了金屬棒，變成實驗比較常用的導體。海布朗指出，法國科學家雅克・德羅馬斯（Jacques de Romas）「是第一個提議用風箏，把大氣電荷導引到陸地的人」。一七五二年十月，富蘭克林在一封寫給彼得・科林森（Peter Collinson）的信中寫道，他這個實驗也曾在費城成功過——他用了一只風箏、一把金屬鑰匙、一些絲帶，以及一個萊頓瓶（照富蘭克林的說法是「小玻璃瓶」）。富蘭克林說，溼答答的風箏線能「自由導電」，將手上的風箏線綁上一條絲帶，再將絲帶與風箏線相連處繫上一把鑰匙，等到狂風暴雨看起來正在靠近時，就可以把風箏放掉。不過，實驗者必須站在一扇門或一扇窗後，或至少是待在某種遮蔽物下，以免絲帶被雨水打溼，也要慎防風箏線接觸門框或窗框（富蘭克林加上這條顯然不太可靠的乾燥絲帶，就是為了避免被雷轟的安全裝置）。

他接著寫道：「當指關節接觸鑰匙後，電就會源源不絕流出來」，這時候，可以用鑰匙導引而來的電力，幫小玻璃瓶充電（這個小玻璃瓶，或稱萊頓瓶，形同電容器）。富蘭克林很明智，因為他建議將電荷蒐集到萊頓瓶中，而不是讓實驗者以身犯險。事實上，富蘭克林之所以利用風箏線，就是為了把鑰匙拉進高空風暴中，導電的是那把鑰匙，而非那個人。

一七六七年，英國科學家約瑟夫．普里斯利（Joseph Priestley）在《電：歷史與現狀》中主張，雖然富蘭克林沒留下任何記錄，但他就是在一七五五年六月作這個實驗的，這同時也是「法國電學家驗證同一套理論的一個月後」，當時富蘭克林站在牧場的棚子裡，「用指關節接觸鑰匙」。普里斯利似乎沒意識到實驗的可能結果，因此認為當富蘭克林「察覺到電火花時，在那一刻想必狂喜至極」，他還請讀者試著感同身受（普里斯利一定從未在誤以為電燈已經斷電的情況下，接觸仍有電的電線）。

富蘭克林的一個傳記作家康瑞．史坦（R. Conrad Stein）表示，「誰也沒有十足把握知道，富蘭克林到底有沒有作過實驗」。但我們可以肯定的是，富蘭克林並非只是放了一只未經改造的風箏，看它升進雷雨天，然後看會怎樣而已。

翌年，德國物理學家吉歐．李赫曼（Georg Richmann）根據富蘭克林的研究

結果，造了一支避雷針，沒想到就此賠上性命。馬克．史騰霍夫（Mark Stenhoff）在《球狀閃電》一書中寫道，當天李赫曼一看到雷雨雲逼近，就和一個同事飛奔回家作實驗，他的同事後來說，李赫曼教授還來不及碰觸避雷針，「一個拳頭般大的淡藍色火球，就在避雷針上乍現」。遺憾的是，這顆電火球「直接噴向教授的額頭，在那一瞬間，他整個人向後倒下，沒發出半點聲音」。他的同事說，李赫曼教授的鞋子還被炸開了（剛好是致命的電荷從雙腳一路導向地面之處）。他倆匆匆趕回家作閃電實驗，最後卻這樣劃下句點……

## 59 佛萊明在麵包上發現青黴素？

二十世紀上半葉，青黴素的發現可說是現代醫學上最偉大的進步。一九二九年，蘇格蘭細菌學家亞歷山大・佛萊明（Alexander Fleming）偶然發現這個「魔彈」（magic bullet）。一九四五年，佛萊明發表諾貝爾獎得獎感言，坦言「青黴素只是碰巧觀察到的」，該講稿收錄在《諾貝爾生醫獎：一九四二至一九六二》一書中。當時，佛萊明正在研究流感照護，沒想到在被拋棄的培養皿（而非吃剩的午餐）上，幸運發現青黴素。一九二九年，他在《英國實驗病理學期刊》上發表〈青黴菌培養基的抗菌作用〉，該論文指出：「在檢驗過程中，這些培養皿一定曾暴露在空氣中，被各式各樣的微生物汙染。」（事實上，佛萊明的實驗室經常是亂糟糟的，實驗用培養皿往往隨手擱著，一放就是好幾個星期）。

雖然有人說，黴菌是從沒關好的窗戶飄進來汙染菌落的，但其實是因為他們在樓下實驗室作「過敏試驗」，黴菌孢子才會往上飄。之所以和麵包也有關係，則是因為前述黴菌正是麵包黴。眼看似乎是黴菌消滅了細菌，佛萊明於是作出此結論——他認為黴菌一定有「殺菌」功效，還說「我唯一的功勞，就是沒輕忽這項觀察結果，並以細菌學者的身份繼續深入研究。」

但佛萊明其實沒研究得多深入。《二十世紀名人錄》一則條目指出，佛萊明「未能萃取出精純的青黴素，也無法呈現出它的治療價值」。《大英百科全書》認為，問題在於佛萊明未採取「必要的化學方法，未能離析並鑑別其中的活性成份」，艾隆森（J. K. Aronson）也在《牛津醫學指南》中補充道，佛萊明「從未努力將青黴素應用在臨床上」。就連佛萊明本人也招認：「一九二九年，我發表的論文只是別人研究的起點，他們不斷在青黴素研究上前進，尤其是在化學領域。」

事實上，直到一九四〇年，恩斯特・錢恩（Ernst Chain）和霍華德・弗洛里（Howard Florey）才終於證實青黴素「作為抗生素，具有莫大的功效……他們的工作不僅為無數抗生素研究奠定基礎，也掀起治療細菌及真菌感染疾病的技術革命」。

或許是受到阿姆洛斯・萊特爵士（Sir Almroth Wright）信件的影響，我們才會把青黴素視為佛萊明個人的發現。一九四二年八月二十八日，萊特爵士在信中寫道，那發現青黴素而頒發的「桂冠」，應該給研究實驗室的佛萊明教授。萊特爵士一心想替自己在倫敦聖瑪麗醫院主持的預防接種系爭光，還說佛萊明「不但發現青黴素，也率先提出新穎的見解，主張青黴素可能在醫學上發揮重要作用」。一九四五年，諾貝爾生醫獎同時頒給佛萊明、弗洛里和錢恩，由此可知，科學界還是比較了解內幕。

## 60 — 愛德蒙・哈雷發現了哈雷彗星？

巨大的火球飛速掠過天際時，常常躲不過我們的眼睛。公元前二四〇年，中國天文學家就看到這顆彗星，也早在兩千多年前，就把觀察結果記錄下來。根據《圖解科學詞典》記載，這顆彗星在一〇六六年的「貝葉掛毯（Bayeux tapestry）上，也佔有一席之地」。從這幅掛毯可以看出，國王哈羅德低頭閃避時，他的朝臣正驚慌地指著空中的火球。

雖然有人認為伯利恆之星就是哈雷彗星，但天文學家派屈克・摩爾（Patrick Moore）在《天文數據簿》一書中澄清，哈雷彗星在公元前一二年就已經出現，比伯利恆之星「早了好幾年回到地球」。艾倫・庫克（Alan Cook）在英國天文學家愛德蒙・哈雷（Edmond Halley）的傳記中提到，一三〇一年哈雷彗星出現時，激發了義大利畫家喬托・迪邦多納（Giotto di Bondone）的靈感，於是他在一三〇四至一三〇六年間，在宗教溼壁畫〈賢士崇拜〉中，將伯利恆之星繪成掠過馬廄上空的大火球。

十八世紀初葉，哈雷即是史上計算出彗星軌道的第一人。他發現那兩顆彗星是同一顆，還正確預測出彗星再臨地球的時間點。一七〇五年，哈雷在其著作《彗星天文學概論》中闡明，一五三一年、一六〇七年和一六八二年（哈雷在這一年親眼看見彗星）分別出現的彗星，其實是同一顆彗星，它每隔七十六年左右就會出現在地球上空，哈雷還說「因此我敢大膽預言，到了一七五八年，它就會再回來。」

遺憾的是，哈雷還沒來得及證明自己的預言，就在一七四二年與世長辭。不過在他逝世後十六年，彗星一如他的預言重返地球，於是後人以他的名字來稱呼這顆彗星。下次哈雷彗星出現的時間，預計是在二〇六一年，到時候，健康安全法規想必會建議我們別直視彗星，以免有人看著就頭痛起來。

## 61——達爾文怕被放逐，因此延遲發表演化論？

十九世紀，博物學家查爾斯．達爾文（Charles Darwin）發表天擇演化論後，聲名大噪。雖然在一八四〇年左右，他就構思出這套觀念，卻延遲大約二十年，在《物種起源》中才把這項發現公諸於世。一般認為，達爾文於公於私都擔心被奚落、被報復，才會壓著書稿不敢大動作出版，也有不少人說他對演化研究一向保密到家。

然而，一八七六年達爾文在《達爾文自傳》（他本人始終無意出版此書）這本筆調活潑的自傳中，從沒提到自己害怕或想要保密而延後出版。劍橋科學史家約翰．凡魏赫博士（Dr John van Wyhe）主張，「近年來，達爾文延遲發表演化論一事，開始成為歷史書寫的研究主題，但是目前沒有任何確切證據」。二〇〇七年，凡魏赫發表研究論文〈時隔多年為什麼：達爾文故意不發表論文嗎？〉，表示這個學界盛傳的說法「和歷史證據極為矛盾」，還說達爾文提出的觀念「早在出版前就不是祕密了」。

的確，一八四四年，達爾文在給植物學家喬瑟夫．胡克（Joseph Hooker）的信中宣告：「我想我大概已經發現（只是推測啦！），物種是如何透過簡單的方法巧妙調適，來因應各種生存目的。」

達爾文心裡明白，可能有很多人會找碴，他也曾經告訴胡克，當他相信演化時，「就像招認自己犯下謀殺罪」。不過達爾文不怕別人笑話，一八四一年發表關於漂礫的初步發現後，他在一八四八年給地質學家約翰．菲利普斯（John Phillips）的信中寫道：「我認為這篇論文一定會害我被罵得很慘，但這絲毫不會改變我的觀點，我也鐵了心絕不表現軟弱，一定要出版！」

根據《大英百科全書》記載，「演化的觀念不是新聞」，達爾文的理論不過是「說明了演化如何發生」。達爾文在自傳中也解釋：「一八三七年……我翻開我的第一本筆記，想要把有關《物種起源》一書的事實記下來。我已花了很多時間在思考這些事，在那之後二十年，仍努力不懈地研究。」一八四二年，達爾文將自己的理論寫成簡短的草稿，之後在一八四四年完成一份更完整的稿子。不過一直要等到一八五六年，他才著手撰寫探討演化的多冊專書，這時距離他構思出演化論，已經過了十六年。

狄恩・塞蒙頓（Dean Simonton）在《天才的起源》一書中指出，「包括地質學家查爾斯・萊爾（Charles Lyell）在內的一些朋友都勸達爾文，要發表論文別拖得太久，不然其他科學家可能會捷足先登」。而這剛好就是後來的情況。達爾文在自傳中寫道，一八五八年六月，他才剛寫好二十五萬字，英國標本收藏家艾福瑞・華萊士（Alfred Wallace）就「寄給我一篇論文：〈探討無限期脫離原始型態的變異趨勢〉」。根據達爾文，「這篇文章的內容簡直和我的理論一模一樣」。

丹尼爾・沙克特（Daniel L. Schacter）在《被遺忘的觀念與先驅》一書中引用達爾文對萊爾說的話：「結果你一語成讖，我也吃到苦頭了，早該先發制人才對……不論我的原創見解本來多麼有價值，現在通通無用武之地了。」因此，收到來信不過兩週後，達爾文就和華萊士聯名發表論文，但達爾文表示這份聯名論文「幾乎沒引起什麼關注」。

達爾文接著出版《物種起源》，又在給萊爾的信中說自己「是需要慢慢思考的人，如果你知道我花了多少年，才把有待解決的一些問題看清楚，大概會覺得訝異吧」。《大英百科全書》指出，《物種起源》並未推測人類的起源，「報紙引用了達爾文刻意迴避的一項結論：人類從人猿演化而來」。在達爾文看來，「許多自然主義學家已經完全接受物種演化論，所以我覺得現在正是時候，把自己的筆記整理起來，出版一部探討人類起源的專門論著」。一八六八年，普魯士國王授予達爾文「功勳勳章」。三年後，達爾文於一八七一年出版了《人類的由來》一書。

根據《大英百科全書》的紀錄，在達爾文有生之年，「科學界就已經廣泛接受他的人類由來論……但過了很久之後，才採納天擇的觀念」。

第十一章

# 引言

# 62 美國專利局局長杜埃爾說：「能發明的東西都已經發明了」？

美國專利審查官查理斯．杜埃爾（Charles H. Duell）常被嘲諷，還有人罵他是笨蛋官僚，竟說出「能發明的東西都已經發明了」這樣的話。一八九九年，據說他受到自己的觀點影響，曾寫信給麥金利總統，要求廢除專利局，不然就是遞上辭呈……畢竟他認為我們不能指望更多新發明了。

一八八九年，山繆．薩斯（Samuel Sass）在《懷疑論調查者》雜誌上寫道，埃博．傑弗瑞博士（DrEber Jeffery）徹底調查了這樁傳聞。傑弗瑞在一九四〇年的《專利局學會期刊》上寫道，他「找不到任何證據，顯示美國專利局曾有任何官員或職員，因認為再也發明不出任何東西而辭職」。事實剛好相反。在一八九九年杜埃爾提出的報告中，顯示過去一年裡，增加了大約三千筆專利。

沃洛（Worrall）和奧謝（O’ Shea）在《從華爾街到中國》一書中也證實

「這故事不是真的」。傑弗瑞表示，同為專利審查官的亨利・艾茲沃斯（Henry L. Ellsworth）是杜撰出那句話的人。一八四三年，艾茲沃斯對美國國會宣稱，「年復一年，各種技術的發展一再令我們大失所望，彷彿預示著人類進步即將邁入必然的終止」。不過，艾茲沃斯的這番話，純粹是以退為進的說法，就和所有的傑出官員一樣，他接著就建議政府加碼補助專利局，好在未來擴大版圖。薩斯主張，兩年後艾茲沃斯辭職時，他不僅以「私人事務」為理由，還說「我希望其他人也能享有公眾的資助，這樣才有機會創造出更大的進步。」

由此可見，所謂「再也沒什麼東西好發明」的這句話，才是名副其實的「發明」！

## 63—艾德蒙・柏克說：「唯有當好人袖手旁觀，壞人才能贏得勝利」？

常有人引述，十八世紀愛爾蘭政治家艾德蒙・柏克（Edmund Burke），說他寫下這句睿智的名言：「唯有當好人袖手旁觀，壞人才能贏得勝利。」但根據《簡明牛津語錄詞典》，他的文章中找不到這句話。

保羅・博勒（Paul F. Boller）在《他們可沒這麼說》一書中寫道，根據第十四版《巴特雷名言集》記載，這句名言據說首見於一七九五年一月九日，在一封給威廉・史密斯（William Smith）的信裡。但博勒指出，更仔細調查後發現，那封信的日期押在同年一月二十九日，而且完全沒提到「壞人才能贏得勝利」這句話。他還補充，後來《紐約時報》專欄作家威廉・沙斐爾（William Safire）找《巴特雷名言錄》的編輯討論這件事，對方卻說「目前」無法查明這句話的出處。

不過，一七七〇年柏克在國會發表演說〈反思當前民心不滿的原因〉時，倒是說過一句類似的話。他公開表示：「壞人互相勾結時，好人要聯合起來，不然好人會一個接一個倒下，在醜惡的鬥爭中白白犧牲，得不到任何同情。」這段話似乎反映出偽名言隱含的普遍情緒……。

## 64—威靈頓公爵在滑鐵盧戰役中大喊：「步兵隊起立，瞄準他們」？

據說在一八一五年，對抗拿破崙軍隊的滑鐵盧戰役在比利時開打前，威靈頓公爵亞瑟．威爾斯利爵士（Sir Arthur Wellesley）曾對麾下英國步兵衛隊命令：「步兵隊起立，瞄準他們！」

根據《簡明牛津語錄詞典》，最初是一位衛隊軍官在信裡寫了這句話，不過後來威靈頓公爵否認這種說法。博勒在《他們可沒這麼說》中也同意，「公爵否認自己曾大喊那句話……有那麼一刻，衛隊士兵照常在交火期間趴在地上時……公爵下令要他們站起來」。根據《牛津軍事史指南》，這位鐵公爵實際上是喊道：「步兵隊起立！預備！發射！」

無論威靈頓公爵對部下說了什麼，總之很有效。在普魯士軍隊支援下，英軍才好不容易擊潰法軍，讓棘手的勁敵拿破崙「滑鐵盧」。

## 65——安德魯．傑克森說：「戰利品屬於贏家」？

常有人說，第七任美國總統安德魯．傑克森（Andrew Jackson）是第一個首創政府「分贓制度」的人——一旦取得執政權，贏家就可以透過這套機制，開除政敵、以自己的人取代原有人馬。然而，傑克森既沒發明這套詭計，也沒創造這句成為分贓制度由來的話：「戰利品屬於贏家。」

《簡明牛津語錄詞典》記載，一八三二年，美國政治人物威廉．馬西（William Marcy）對參議院演說時說了這句話。當時國務卿馬丁．范布倫（Martin Van Buren）遭到參議員亨利．克雷（Henry Clay）抨擊，因此，馬西發表了一場演說來替范布倫辯護，在提到紐約政治人物時，他說：「敵人的戰利品本來就屬於贏家。他們認為這種制度沒什麼不對。」事實上，一八二九年至一八三七年，在傑克森總統執政八年裡，他只辭退了五分之一的聯邦政府官員，大部份人都留在原本的崗位工作，不論其政治立場。

# 66 迪斯雷利說：「世上有三種謊言：謊言、該死的謊言和統計數字」？

常有人認為是前英國首相班傑明・迪斯雷利（Benjamin Disraeli）說了這句話：「世上有三種謊言：謊言、該死的謊言和統計數字。」這句廣泛被引用的名言意思是：一旦誤用了統計數字，就可能造成嚴重的誤會。

馬克・吐溫（Mark Twain）在一九二四年出版的《馬克・吐溫自傳》中寫道：「迪斯雷利說的話，常常證明是具公道而有力的：『謊言有三種：謊言、該死的謊言和統計數字。』」但有趣的是，《哥倫比亞名言大全》指出，「在迪斯雷利的著作中找不到這句話」；《牛津科學語錄》也寫道，「除了馬克・吐溫引用過，找不到迪斯雷利說過這句話的進一步證據」。

我們還不清楚這句話究竟語出何人，不過在《名言佳句錄》一書中，蘇希・普拉特（Suzy Platt）提到新聞記者兼政治人物亨利・拉布歇（Henry Labouchère），可能才是真正的源頭。其他可能源頭則有：美國國會議員阿布蘭・赫維特（Abram S. Hewitt），以及海軍軍官兼作家霍洛威・弗羅斯特（Holloway H. Frost）。雖然迪斯雷利說過不少發人深省的話，但這句話似乎不在此列。

## 67—邱吉爾說：「海軍傳統？不就是朗姆酒、雞姦和鞭打」？

據說某個海軍上將不滿二等水兵的待遇被升級了，因此對前英國首相邱吉爾抗議此舉「違反皇家海軍的傳統」，邱吉爾以這句名言回答：「海軍傳統？不就是朗姆酒、雞姦和鞭打！」

然而，根據「邱吉爾中心」出版的《光輝時刻》（二〇〇六年春季刊）描述，邱吉爾的個人秘書安東尼和他吃晚餐時，曾經當面問邱吉爾這件事。但安東尼表示，邱吉爾答道：「我沒這麼說過，倒希望我說過！」

據說，這段對話最初記載於《哈羅德．尼可遜日記》，一九五〇年七月十七日那篇文章引用了這句話，但在我查閱的同一本書中，七月二十八日直接跳到九月二十三日，也找不到任何關於朗姆酒、雞姦或鞭打的記錄。歷史學家馬丁．吉爾伯特（Martin Gilbert）在《尋找邱吉爾》一書中描述，有一次他「在芝加哥一場晚宴上，活靈活現地描述邱吉爾的回應（儘管我從沒把這回事寫進書中），沒想到招來東道主的一頓斥責，堅持說那只是道聽塗說」。吉爾伯特坦言：「我對沒有根據的傳聞也很不屑，偏偏自己說這種話時被逮個正著，真的覺得很慚愧。」

此外，《簡明牛津語錄詞典》也對這句話的出處提供可能的解釋，引用了可追溯至十九世紀的一句海軍諺語：「上岸要找美酒、美女和一支小曲兒；上船要找朗姆、屁股和六角手風琴。」至於這句話可能有什麼含意，隨你怎麼解釋都可以……

# 68——詹姆斯·歐蒂斯說：「無代表的納稅就是暴政」？

據說在一七六一年，十八世紀美國政治激進份子詹姆斯·歐蒂斯（James Otis），為了捍衛美洲殖民地居民的權益，在波士頓法院質疑英國搜索票的合法性時，曾說出這句名言：「無代表的納稅就是暴政。」

雖然這件事廣為流傳，但休·勞森（Hugh Rawson）在《美國語錄詞典》中指出，「沒人知道歐蒂斯的確切說法是什麼」。博勒在《他們可沒這麼說》中更進一步寫道，「同時代的文獻沒有歐蒂斯說過這句話的記錄」，還說「這句話直到一八二〇年才出現，當時約翰·亞當斯（John Adams）在一些筆記中提過這樣的說法」。博勒認為，亞當斯也許只是「概括出歐蒂斯論據的主旨，而非逐字逐句引述」。

勞森解釋，在一七六四年歐蒂斯發行的小冊子《殖民地權利》中，裡面有句最接近這種觀點的文字。歐蒂斯寫道：「凡是國王陛下的領土，都不能未經居民同意就徵稅。」後來，「無代表，不納稅」（no taxation without representation）就成了殖民地居民集會的革命口號。

他們似乎以為每個英國公民都能定期投票、可以對誰當議員發表意見。但實際上，在十八世紀中葉的英國，只有某些男地主才有權投票，這樣的人也大約只佔總人口的三%。至於工薪階層男性，要過了足足一百年後，才在一八八四年取得投票權。

# 69—法王路易十五說：「我死後洪水滔天」？

這句話的正確說法是：「我們死後洪水滔天。」這通常可以解讀成：「我才不管我們（我）死後會發生什麼事。」或「我不敢去想我們（我）死後會發生什麼事。」

杜奧賽夫人（Madame du Hausset）於一八二四年出版的《回憶錄》中寫道，據說這句名言出自國王最寵愛的情婦龐巴度夫人之口。而《女性人物傳記詞典》也同意，這句名言的出處是龐巴度夫人。根據《牛津英文外來語基礎詞典》，「一七五七年，法國在羅斯巴赫敗給普魯士後」，龐巴度夫人就說了這句話。當時，羅斯巴赫戰役預示著法國舊制度進入尾聲。

有趣的是，龐巴度夫人似乎不是說出這句名言的源頭。只要查閱約翰．法奎爾（John Farquhar）撰寫的《新語錄詞典》，就知道，這句話其實源於古老的法國諺語。

第十二章

# 聖人

# 70——聖喬治是英國人？

我們不確定聖喬治（St George）是否真的存在過。亨利．薩莫森（Henry Summerson）在《牛津國家人物傳記詞典》撰寫的詞條指出，「無法證實聖喬治在歷史上是否真有其人」。《大英百科全書》也認為「找不到任何證據，證明喬治的生平事蹟」。雖然如此（或許也可以說正因如此），聖喬治傳奇似的形象流傳千古，儘管他是個謎樣人物。

《牛津聖人詞典》寫道，「他很可能是個士兵，但我們不確定」。薩莫森提到，豪蘭（今敘利亞）夏坎鎮有一塊公元四世紀留傳下來的碑文，紀念「神聖凱旋的殉道者喬治，以及和他一起捨身殉教的聖徒」。他指出，喬治可能是基督徒，曾於公元三〇三年遭到羅馬皇帝戴克里先迫害。

大約是公元七、八世紀，在《埃爾弗里克談聖人生平》一書中，盎格魯撒克遜作家埃爾弗里克（Aelfric）聲稱，他知道這位主保聖人[27]的真正生平史，然而事實上，他只是將地中海一帶流傳的故事化繁為簡而已。

埃爾弗里克說，喬治是一個「在卡帕多奇亞省（Cappadocia）受到暴君統治的富裕貴族」，他還說一些喬治的奇聞軼事來娛樂我們，像是被下毒、被綁在車輪上，以及被扔進滾燙的鉛液中受刑仍大難不死，到最後還被邪惡的皇帝斬首之事。然而，迫害他的人在回家路上「突然被來自天堂的火焰擊殺……還沒到家就下地獄了」，下場也沒好到哪裡。

喬治在被斬首前多次死裡逃生，他在地中海東部的聲勢也因此水漲船高——只是在歐洲人看來總有點誇大不實。薩莫森寫道，羅馬教會公開表示，喬治的行為值得讚揚，卻也說「只有天曉得是怎麼一回事」。

此外，喬治同時是「基督的新郎」。瑟曼莎．李奇斯博士（Dr Samantha Riches）在《聖喬治》一書中解釋，這項傳統起源於公元五世紀，「非洲東北部的科普特基督教派」。李奇斯指出，「這似乎證實了，聖人和神之間可以是純潔的同性婚姻，就像來自亞歷山大的聖凱瑟琳（St Katherine of Alexandria）及其他聖女宣稱和基督之間具有『神秘婚姻』」。她還寫道，「文學慣例的初步研究顯示，將聖喬治視為同性戀的象徵，或許有幾分道理」。

編年史家雅各布·德瓦拉琴（Jacob de Voragine）於十三世紀撰寫《黃金傳說》一書，講述喬治解救利比亞國王之女的過程，並說他以事成後，人人都要立刻受洗為基督徒作條件，「殺死巨龍並割下牠的頭」。但事實上，龍是神話生物，所以更讓人懷疑這則故事的可信度。

十四世紀初，喬治開始成為英格蘭主保聖人。根據《大英百科全書》，國王愛德華三世「下令讓他成為新設立的嘉德勳章的守護者」。而到了十五世紀，主保聖人戰士的遺骨變得相當熱門。薩莫森寫道，「約克郡東區一家奧古斯丁小修道院，聲稱他們有一隻聖喬治的手臂」。諾里奇大教堂的公會禮拜堂，則聲稱他們有另一隻手臂。當然，我們可別忘了，伯克郡溫莎鎮的聖喬治禮拜堂，也說他們有一隻手臂！

聖喬治不僅是家喻戶曉的英格蘭主保聖人，根據費爾南多·朗齊（Fernando Lanzi）和喬雅·朗齊（Gioia Lanzi）的《聖人與象徵》，他也是男童子軍、瘟疫和梅毒的主保聖人。雖然他的確是層次豐富的人物，卻不是真正的英國人。

27　主保聖人（patron saint），意為守護聖者。

# 71—聖派翠克是愛爾蘭人？

生於公元五世紀的聖派翠克（St Patrick）是英國人，他在宗教自傳《懺悔錄》中告訴我們，他是「班拿文塔布尼亞的居民」。其中，班拿文是地名，塔布尼亞指的應該是塔布尼亞部落。

克蕾兒．史丹柯麗芙（Claire Stancliffe）在《牛津國家人物傳記詞典》中指出，派翠克的「別墅很可能位於英國西南部，可能是在靠近徹斯特和索爾威灣間的海岸線」。《大英百科全書》也同意派翠克「在英國一個羅馬式家庭出生」，不過《天主教百科全書》認為他可能是蘇格蘭人，來自「鄧巴頓附近的季派翠克」。

聖派翠克說過，「在大約十六歲時，我在愛爾蘭和數千人一起被俘虜」。《天主教百科全書》則寫道，「他的父親卡普尼烏擔任教會執事兼小地方官，有一天，強盜把他從父親的宅邸擄走」，後來送到愛爾蘭當奴隸，於是他在那裡「牧羊……

度過暗無天日的六年，狂熱地信奉起天主教」。史丹柯麗芙認為，最後聖派翠克大概「待在愛爾蘭馬約郡基拉拉灣附近的農場」。

後來，派翠克冒險搭船逃回家，他說「幾年後，我回到英國和親戚團聚，他們把我當成兒子來款待，還要我在經過這麼嚴酷的磨難後，再也別離開他們身邊。」但他聽到有個聲音召喚他回愛爾蘭：「聖潔的年輕人，我們求求你一定要回來，一定要與我們同行。」於是，聖派翠克當仁不讓地，回應自己的天命，繼續推動幾乎整個愛爾蘭改宗天主教。

聖派翠克不僅是愛爾蘭主保聖人，據說他也曾幫愛爾蘭驅逐蛇群。《簡明牛津基督教派詞典》寫道，「他站在一座山丘上……用一根枴杖把那群蜿蜒爬行的生物趕進海裡，永遠放逐牠們」。雖然《簡明牛津基督教派詞典》證實，如今「愛爾蘭沒有任何蛇」，但也承認「以前就沒有蛇」。羅威爾・阿克曼博士（Dr Lowell Ackerman）在《爬蟲類生物學及飼育學》中寫道，「蛇在最近一次大冰河時代完全滅絕了，直到愛爾蘭與歐洲大陸分離後，蛇才又重新開始繁衍」。

## 72　聖托馬斯的正確寫法是托馬斯．à 貝克特？

這位十二世紀「多事的牧師」是倫敦商人之子，擔任過王室大法官與大主教。只是沒想到，原本和他是好友的國王亨利二世隨口說了句話，他就被人殘忍地毆打至死。據說當時亨利二世說：「誰來幫我擺脫這個多事的牧師？」

十二世紀修士愛德華．葛林（Edward Grim）曾為保護托馬斯傷了手臂，他在一一八〇年的傳記《聖托馬斯生平》中主張，國王實際上是這麼說：「我在自己的國家養出一票忘恩負義的飯桶，他們還讓一個出身低賤的修士瞧不起本王！」這……聽起來比較像普通的發牢騷，不像要手下展開嗜血的報復。

那些兇手本來可能沒打算殺死托馬斯。十九世紀，威廉．荷頓（William Hutton）在《聖托馬斯》中解釋，據說那些刺客招了，把人拖走是「為了在教堂外面殺了他，或把他抓去關起來」，但托馬斯「寧死不屈」，所以他們殘暴地殺了他。

至於聖托馬斯的姓氏究竟是什麼？有人說現代學者把他的姓氏「簡化」了，但史挪登・沃德（H. Snowden Ward）在《坎特布里朝聖》一書中寫道，「à Becket」的寫法「缺乏同時代的證據支持」。沃德解釋，托馬斯的「父親名叫吉爾伯・貝克特（Gilbert Becket），可以寫成 Becket 或 Beket……是某個來自法國盧恩的諾曼裔移民之子」。而弗朗克・巴羅（Frank Barlow）在《托馬斯・貝克特》一書中也同意，「托馬斯的父親吉爾伯具有諾曼血統」，同時認為「Beket」可能是法文「bec」的暱稱──原意為「鳥喙」，不過在法國諾曼第區，也有「小河」或「小溪」之意。

此外，巴羅也同意「沒有證據顯示，吉爾伯的兒子曾用這個姓。如果有人用這個字稱呼托馬斯，八成是為了嘲弄他，影射他的出身低賤」。巴羅認為自從托馬斯「離開出生地，直到他有權在名字冠上職銜前，他一向自稱『來自倫敦的托馬斯』」。在《中世紀教堂史》一書中，唐諾・羅根（F. Donald Logan）認同這種觀點，表示「只有三份文獻顯示，同時代人曾以貝克特稱呼他」，羅根也同意「別人提到他時，通常說來自倫敦的托馬斯、托馬斯大法官或托馬斯大主教」。

巴羅認為後來加上的「à」是「宗教改革後杜撰出來的，或許是在模仿托馬斯・à金碧士（Thomas à Kempis）」。羅根也同意那是「有失體統的錦上添花」。

看樣子，這個商人之子的名字沒被簡化，反倒因數百年前神秘的「à」而變得更迷人，如今不過是恢復原始的寫法而已。

# 73──主保聖人凱瑟琳受輪刑殉道？

有一次我問母親，為什麼凱瑟琳之輪（又譯「死亡之輪」）煙火要叫凱瑟琳？她告訴我，來自亞歷山大的聖凱瑟琳就是這樣殉道的。從那時起，我常常就會想像聖凱瑟琳被綁在巨大煙火上處決的樣子：這種蒙主寵召的方式雖然很痛苦，卻有種淒壯的美。

據說聖凱瑟琳生於公元四世紀，根據《大英百科全書》，深受大眾喜愛的聖女貞德「宣稱凱瑟琳也是曾對她說話的神靈」。但大衛・法默（David Farmer）在《牛津聖人詞典》中寫道，「古時候，沒有關於聖凱瑟琳宗教信仰的紀錄，早年的殉教史和藝術作品也未提及她」。《大英百科全書》指出，「公元九世紀後才有人提到凱瑟琳」，但是她的歷史真實性依然令人懷疑。

《天主教百科全書》則引述十八世紀本篤會修士唐姆・狄佛李斯（Dom Deforis）

的話，認為許多關於聖凱瑟琳的故事都「大錯特錯」。《大英百科全書》也補充，「一九六九年教會曆取消了她的瞻禮日」。根據法默，「信仰聖凱瑟琳的傳統，源於公元九世紀西奈山」，而據說聖凱瑟琳死後，天使把她的遺體送到那裡。

就連世人盛傳的「聖凱瑟琳受輪刑殉道」也不是真的。傳說是這麼說的：當年十八歲的凱瑟琳，去找羅馬皇帝麥森提烏，對他迫害基督徒表示不滿。於是，麥森提烏設法要凱瑟琳改宗古羅馬教。有些說法甚至提到，這位已婚的皇帝企圖和凱瑟琳結婚，但凱瑟琳一點也沒有改宗的意思，還說服麥森提烏手下幾個士兵改宗基督教，據說連皇后也被她說服了。因此，凱瑟琳被判以輪刑處決，其中用來行刑的磔輪，就是麥森提烏為了處決她特別設計的。邁可·洛蘇（Michael Russell）撰寫的《煙火化學原理》也證實，這種折磨人的刑具啟發了工匠，他們因而「改良出人稱『聖凱瑟琳之輪』的煙火」。

《天主教百科全書》則是寫道，「這個刑具一碰到她，就不可思議地壞掉了」。法默同意此種說法，並說「這個裝置故障，導致害旁觀者受傷」，因為它被炸得四分五裂。

在米開朗基羅的名畫〈最後的審判〉中（收藏於梵蒂岡西斯汀教堂），畫中的凱瑟琳肌肉發達，手上揮舞著礫輪的碎片（原本凱瑟琳是裸體之軀，不過到了一五五九年，教宗保祿四世委託綽號「套褲專家」的丹尼埃勒・達弗泰拉（Daniele da Volterra）幫她加上一套綠色連衣裙）。儘管如此，這個坦率的小姑娘還是沒能獲得皇帝赦免，法默寫道，「凱瑟琳最後被斬首示眾」。

凱瑟琳之輪形狀的胸針，在十四世紀蔚為流行，事實上，現在還是買得到這種首飾，上面還有礫輪凶光畢露的尖刺。多麼優美哪！

第十三章

# 宗教

## 74 有個名叫瓊安的女教宗？

據說十二世紀著名傳奇教宗瓊安來自英國，有一天，她在街上正要上馬時，不小心生下孩子，大家才赫然發現她是女人。就連《大英百科全書》也有一則條目記載，「傳奇女教宗，據說在公元八五五年至八五八年的二十五個月間，她以若望八世為聖號，統治梵蒂岡」。

根據《天主教百科全書》，在十四、十五世紀，世人普遍相信教宗瓊安的故事，當時他們已經將這位女教宗視為重要歷史人物，沒人懷疑她的真實性，錫耶納大教堂也置有她的半身雕像。

這位女教宗的第一份記錄，首見於十三世紀，多明尼加編年史家尚・德梅伊（Jean de Mailly）的著作《梅斯紀事》中。德梅伊描述她的教宗職涯時寫道，「她喬裝成男性，憑著出色的性格和天賦成為教廷秘書，接著當上紅衣主教，最後成為教宗」。德梅伊告訴我們，「有天，她正要上馬時開始分娩」，但這位不幸的女教宗沒因此受照顧，反而「雙腳被綁在馬尾巴上，一邊被圍觀群眾丟石頭，一邊被馬匹拖行了半里格[28]」。他們就地埋葬已經身亡的瓊安，還在墓碑上刻著「Petre, Pater Patrum, Papisse Prodito Partum」。《教宗瓊安之謎》一書作者厄藍·布羅（Alain Boureau）將這段碑文譯為：「伯多祿，眾父之父，懲罰生孩子的女教宗」。

和德梅伊同時代的編年史家奧帕瓦的馬丁（Martin of Troppau），在《教宗及皇帝紀事》一書中，將這位女教宗稱為「若望」（John），不過大家通常稱她為「瓊安」（Joan）。馬丁寫道，「這位教宗是一個女人，在少女時期，某個情人把女扮男裝的她帶去雅典。她獲選為教宗後懷上情人的孩子，某日隨著隊伍從聖伯多祿大殿走向拉特蘭，在羅馬競技場和聖克雷芒教堂間的窄巷，產下一子」。馬丁告訴讀者，「因為她是女性，又犯下未婚生子的罪孽」，所以不幸的瓊安死後不能「躋身神聖的教宗之列」。

到了十五世紀，人們開始用大理石椅舉行新教宗登基儀式。據說這張石椅形同古代的洗澡凳，凳上有個洞，用來確保教宗是男性。但事實是，其實早在傳說中的教宗瓊安掌權之前，就已經開始使用這把古老的座椅了。

那麼，教宗瓊安到底存不存在？布羅說「當然不存在」。教會史學家凱利（J. N. D. Kelly）在《牛津教宗詞典》中指出，「沒有任何同時代證據可以顯示，某段歷史時期由她掌權」。凱利接著補充，有人認為這個傳說的起源是「古羅馬民間故事」。

《天主教百科全書》引述基督教史學家西澤・巴若尼（Caesar Baronius）的一番話，他認為可能是「教宗若望八世氣質柔弱」的緣故，才衍生出這個故事。此外，《天主教百科全書》也提到來自君士坦丁堡的傅提烏，說他「確實用了三次『男子氣概』來形容這位教宗，彷彿這麼做，能替他洗刷娘娘腔的汙名」。

另一方面，《天主教百科全書》則引述歷史學者兼神學家約翰・多林厄（Johann von Döllinger），以及他的著作《教宗寓言故事》，他指出十六世紀在羅馬競技場附近，曾發現一座古代雕像，上頭刻著一個人和一個孩子——大眾普遍認為那是一位女教宗的雕像。同一條街上還有一段銘文，開頭寫著「Pap. pater partum」，恰恰和德梅伊的故事有關。這段銘文或許可以翻譯為「眾父之女父」，可能正是為了解釋這座神秘的雕像及鄰近的銘文，才會出現女教宗的傳說。

28　里格（League）是歐洲和拉丁美洲的古老長度單位，約為四．八二八公里，差不多是步行一小時的距離。

# 75—教宗本篤九世於十二歲即位？

十一世紀教宗本篤九世聲名狼藉其來有自，但並不是一般人說的那樣。凱利（J. N. D. Kelly）在《牛津教宗詞典》中解釋，本篤九世「不像後世謠傳的那樣，並不是十一、二歲的小毛頭，事實上可能年近三十歲」，而《天主教百科全書》則推斷他當時大約二十歲。這個「十二歲就當上教宗」的錯誤觀念，很早就如影隨形跟著年輕的本篤九世。

十一世紀本篤會編年史家拉篤福・葛拉伯（Radulfus Glaber）工作馬虎，在《基督教會史》（卷四）中寫道，「一個十一、二歲的男孩登上教宗寶座，聖號本篤九世」。也許是因為一〇三二年本篤九世即位時，葛拉伯已經五十歲了，所以年紀輕輕就肩負重任的小夥子，看在他眼裡都比實際上更年輕。

本篤九世或許不是史上最年輕的教宗，但他曾經三度擔任教宗，也是史上唯一

「有幸」把教宗一職變賣的教宗（儘管這說法有待商榷）。

故事是這樣開始的，一〇三二年，本篤九世的叔叔教宗若望十九世過世後，本篤九世的父親阿柏里克三世（如日中天的圖斯庫蘭家族領袖）「賄賂選舉人，讓自己的兒子獲選並登基，聖號本篤九世」。而身為教宗的本篤九世，其所作所為似乎也無法抵銷賄選的罪過。凱利寫道，即便考慮到言過其實的可能性，本篤九世的私生活仍是「暴戾、放蕩、駭人聽聞」。

《天主教百科全書》也承認本篤九世「令聖伯多祿寶座蒙羞」，而且他第二次即位後變本加厲，「竟宣布要讓位給教父約翰·格雷希恩（John Gratian）」。後來格雷希恩獲選為教宗，自稱是「額我略六世」。

有人說本篤九世之所以賣掉教宗的職位，是因為大家都不喜歡他，也可能是因為他想結婚。不過，要成為他的繼任者得先過一個小關卡，「要先籌到一大筆錢給他才行」。《天主教百科全書》又寫道，本篤九世「交易談成又反悔」，接著企圖罷黜教宗額我略六世，反而導致新教宗克雷芒二世於一〇四六年即位。《大英百科全書》指出，克雷芒二世逝世一年後，「本篤九世又現身羅馬，並順利奪得教宗寶座」，但到了一〇四八年，他被趕出羅馬，教宗達瑪蘇二世接替其位。

十世紀的教宗若望十二世，才是真正堪稱史上最年輕的教宗，公元九五五年即位時，他才十八歲。至於本篤九世，大概是史上最唯利是圖的教宗吧！

## 76——大衛之星是古老的希伯來象徵？

大衛之星又稱為「大衛之盾」——這是一種由兩個正三角形交疊而成的六芒星，其起源不詳，直到十九世紀才成為猶太教的通用符號。

根據《麥美倫百科全書》記載，大衛之星「自古以來受到廣泛應用，可作為裝飾品或魔法符號」，不過《世界宗教百科全書》認為這個標誌「缺乏來自《聖經》或《塔木德》（傳統猶太法相關經典）的根據」。

《猶太百科全書》也證實「猶太拉比文獻沒提到大衛之盾」，還說這個標誌「最初可能是用來裝飾猶太教堂，例如德國施滕達爾縣的教堂，以及漢諾威市的市場教堂，都用過這種建築裝飾」。然而，猶太拉比賽門．古魯斯托姆（Simon Glustrom）在《猶太教迷思及事實》一書中解釋，「雖然多數猶太教堂都飾有大衛之星，以作為教堂內殿或外牆的建築藝術，但這標誌沒有任何特殊的宗教意義，只是為了方便區分猶太建築物」。

古魯斯托姆認為，六芒星最初和猶太教產生關聯是在一三五四年。當時，神聖羅馬帝國皇帝查理四世，「准許布拉格猶太社群使用自己的旗幟（六芒星旗），後來的文獻稱之為『大衛王之旗』」。據說之所以選用六芒星，是因為大衛王的盾牌上刻有這種標誌。根據《麥美倫百科全書》，十七世紀的人普遍把它視為猶太標誌；《世界宗教百科全書》也寫道，「十九世紀的猶太人，幾乎都把它當成猶太教的象徵」。此外，古魯斯托姆證實，一九四八年，猶太建國運動把六芒星「正式當作以色列國旗的標誌」。

# 參考書目


- Boller, Paul F., *They Never Said It: A Book of Fake Quotes, Misquotes and Misleading Attributions* (OUP, 1990)
- Briggs, Asa (ed), *Who's Who in the Twentieth Century* (OUP, 1999)
- Cannon, John (ed), *The Oxford Companion to British History* (OUP, 2003)
- Chadington, Peter, *The Real McCoy: A Dictionary of Peculiar English* (Icon, 2005)
- Dear, I. C. B., and Foot, M. R. D. (eds), *The Oxford Companion to World War II* (OUP, 2001)
- Farmer, David Hugh, *Oxford Dictionary of Saints* (OUP, 2004)
- Gambles, R., Breaking Butterflies: *A Study of Historical Anecdotes* (Vanguard Press, 2006)
- Hart, James, D., and Leininger, Rev. Phillip W., *The Oxford Companion to American Literature* (OUP, 2002)
- Heilbron, J. L. (ed), *The Oxford Companion to the History of Modern Science* (OUP, 2003)
- Holmes, Richard (ed), *The Oxford Companion to Military History* (OUP, 2004)
- *Hutchinson Encyclopedia* (Helicon, 2005)
- Kelly, J. N. D., and Walsh, Michael, *Oxford Dictionary of Popes* (OUP, 2006)
- Knowles, Elizabeth (ed), *Oxford Dictionary of Quotations* (OUP, 2005)
- Knowles, Elizabeth (ed), *The Oxford Dictionary of Phrase and Fable* (OUP, 2006)

- Livingstone, E. A. (ed), *Concise Oxford Dictionary of the Christian Church* (OUP, 2006)
- *The Macmillan Encyclopedia* (Market House, 2003) *Oxford Dictionary of National Biography* (OUP, 2001)
- *The Oxford Essential Dictionary of the US Military* (OUP, 2001)
- *The Penguin Biographical Dictionary of Women* (Penguin, 1998)
- *Philip's World Encyclopedia* (Octopus, 2003)
- Rayner, Ed, and Stapley, Ron, Debunking History: *152 Popular Myths Exploded* (Sutton, 2002)
- Simpson, Jacqueline, and Roud, Steve, *A Dictionary of English Folklore* (OUP, 2000)
- Uglow, Jennifer, and Hinton, Frances (eds), *Dictionary of Women's Biography (Macmillan,* 1998)

## 網站

引文檢索
www.bartleby.com

《大英百科全書》
www.britannica.com

歷史事件目擊證詞
www.eyewitnesstohistory.com

中世紀史料
www.fordham.edu/halsall/sbook1.html

《天主教百科全書》
www.newadvent.org

《牛津英文詞典》
www.oed.com

牛津文件檔案中心
www.ota.ahds.ac.uk

《牛津國家人物傳記詞典》
www.oxforddnb.com

牛津線上參考資料庫
www.oxfordreference.com

古騰堡計畫（電子書及文件）
www.promo.net/pg

Xreferplus 線上書庫
www.xrefer.com

2APB03

# 拿破崙並不矮：歷史寫錯了！埃及金字塔不是奴隸建的、美國獨立不是因為增稅、諾貝爾沒有發明炸藥，揭開那些一直被誤解的史實真相

Napoleon Wasn't Short ( St Patrick Wasn't Irish) When History Gets it Wrong


| | |
|---|---|
| 作者 | 安卓雅・芭罕 Andrea Barham |
| 譯者 | 葉織茵 |
| 責任編輯 | 許瑜珊 |
| 封面設計 | 逗點創制 |
| 內頁設計 | 逗點創制、江麗姿 |
| 行銷企畫 | 辛政遠、楊惠潔 |
| 總編輯 | 姚蜀芸 |
| 副社長 | 黃錫鉉 |
| 總經理 | 吳濱伶 |
| 發行人 | 何飛鵬 |
| 出版 | 創意市集 |
| 發行 | 英屬蓋曼群島商家庭傳媒股份有限公司城邦分公司 |
| 香港發行所 | 城邦（香港）出版集團有限公司<br>香港灣仔駱克道 193 號東超商業中心 1 樓<br>電話：(852) 25086231<br>傳真：(852) 25789337<br>E-mail：hkcite@biznetvigator.com |
| 馬新發行所 | 城邦（馬新）出版集團<br>Cite (M) Sdn Bhd<br>41, Jalan Radin Anum, Bandar Baru Sri Petaling,<br>57000 Kuala Lumpur, Malaysia.<br>電話：(603) 90578822<br>傳真：(603) 90576622<br>E-mail：cite@cite.com.my |

| | |
|---|---|
| 展售門市 | 台北市民生東路二段 141 號 7 樓 |
| 製版印刷 | 凱林彩印股份有限公司 |
| 初版 5 刷 | 2021( 民 110) 年1月 |
| ISBN | 978-957-9199-25-4( 平裝 ) |
| 定價 | 350 元 |

客戶服務中心
地址：10483 台北市中山區民生東路二段 141 號
服務電話：(02)2500-7718、(02)2500-7719
服務時間：週一至週五 9：30 ～ 18：00
24 小時傳真專線：（02）2500-1990 ～ 3
E-mail：service@readingclub.com.tw

國家圖書館出版品預行編目 (CIP) 資料

拿破崙並不矮：歷史寫錯了！埃及金字塔不是奴隸建的、美國獨立不是因為增稅、諾貝爾沒有發明炸藥，揭開那些一直被誤解的史實真相 / 安卓雅・芭罕 (Andrea Barham) 著 ; 葉織茵譯 . -- 初版 . -- 臺北市 : 創意市集出版 : 家庭傳媒城邦分公司發行 , 民 107.12　面 ; 公分
譯　自 :Napoleon Wasn't Short and St Patrick Wasn't Irish : When History Gets It Wrong
ISBN 978-957-9199-25-4( 平裝 )

1. 世界史 2. 通俗史話

711　　107014139